알기 쉽고 재미있는

중앙 한국어 워크북

1

알기 쉽고 재미있는
중앙 한국어 워크북 1 (상·하)

초　판 1쇄 발행　2018년　9월 14일
수정판 3쇄 발행　2021년 12월 10일

저　자 | 이찬규 외
책임 편집 | 이훈, 조윤희, 이혜선, 차준우, 이찬희
발　행 | 중앙대학교
등　록 | 제14-1호(등록일: 1977. 8. 31.)
주　소 | 서울 동작구 흑석로 84
전　화 | (02)820-6137
전　송 | (02)822-5495

판매처 | ㈜태학사
등　록 | 제406-2020-000008호
주　소 | 경기도 파주시 광인사길 217
전　화 | 031-955-7580
전　송 | 031-955-0910
전자우편 | thspub@daum.net
홈페이지 | www.thaehaksa.com

값은 뒤표지에 있습니다.

ISBN　978-89-7207-895-1　04710
　　　978-89-7207-894-4　04710(set)

알기 쉽고 재미있는

중앙 한국어 워크북

1 상

한글 - 모음 ①

	ㅏ	ㅑ	ㅓ	ㅕ	ㅗ	ㅛ	ㅜ	ㅠ	ㅡ	ㅣ
ㅇ										

▼ 써 봅시다.

이

오

아이

오이

우유

여우

한글 - 모음 ②

	ㅐ	ㅔ	ㅚ	ㅟ	ㅒ	ㅖ	ㅘ	ㅙ	ㅝ	ㅞ	ㅢ
ㅇ											

▼ 써 봅시다.

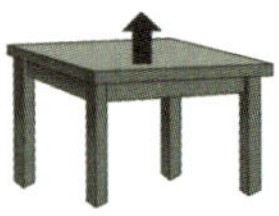

위

왜

우애

우위

유의

예의

한글 - 자음 ①

	ㅏ	ㅓ	ㅗ	ㅜ	ㅡ	ㅣ	ㅘ	ㅙ	ㅝ	ㅞ
ㄱ										
ㄴ										
ㄷ										

▼ 써 봅시다.

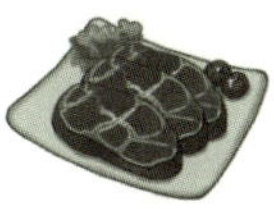 고기					
 나비					
 다리					
 모자					
 커피					
 호수					

한글 - 자음 ②

	ㅏ	ㅓ	ㅗ	ㅜ	ㅡ	ㅣ	ㅘ	ㅙ	ㅝ	ㅞ
ㄲ										
ㄸ										
ㅃ										
ㅆ										
ㅉ										

▼ 써 봅시다.

 꼬마					
 머리띠					
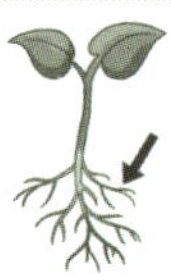 뿌리					
 쓰레기					
 찌개					

ㄱ	가				
ㄲ	까다				
ㅋ	카다				

ㄷ	다다				
ㄸ	따다				
ㅌ	타다				

ㅂ	바다				
ㅃ	빠다				
ㅍ	파다				

ㅅ	사다				
ㅆ	싸다				

ㅈ	자다				
ㅉ	짜다				
ㅊ	차다				

	ㅏ	ㅑ	ㅓ	ㅕ	ㅗ	ㅛ	ㅜ
ㄱ	가	갸	거	겨	고	교	구
ㄲ	까	꺄	꺼	껴	꼬	꾜	꾸
ㄴ	나	냐	너	녀	노	뇨	누
ㄷ	다	댜	더	뎌	도	됴	두
ㄸ	따	땨	떠	뗘	또	뚀	뚜
ㄹ	라	랴	러	려	로	료	루
ㅁ	마	먀	머	며	모	묘	무
ㅂ	바	뱌	버	벼	보	뵤	부
ㅃ	빠	뺘	뻐	뼈	뽀	뾰	뿌

	ㅏ	ㅑ	ㅓ	ㅕ	ㅗ	ㅛ	ㅜ
ㅅ	사	샤	서	셔	소	쇼	수
ㅆ	싸	쌰	써	쎠	쏘	쑈	쑤
ㅇ	아	야	어	여	오	요	우
ㅈ	자	쟈	저	져	조	죠	주
ㅉ	짜	쨔	쩌	쪄	쪼	쬬	쭈
ㅊ	차	챠	처	쳐	초	쵸	추
ㅋ	카	캬	커	켜	코	쿄	쿠
ㅌ	타	탸	터	텨	토	툐	투
ㅍ	파	퍄	퍼	펴	포	표	푸
ㅎ	하	햐	허	혀	호	효	후

	ㅠ	ㅡ	ㅣ	ㅐ	ㅔ	ㅒ	ㅖ
ㄱ	규	그	기	개	게	걔	계
ㄲ	뀨	끄	끼	깨	께	꺠	꼐
ㄴ	뉴	느	니	내	네	냬	녜
ㄷ	듀	드	디	대	데	댸	뎨
ㄸ	뜌	뜨	띠	때	떼	떄	뗴
ㄹ	류	르	리	래	레	럐	례
ㅁ	뮤	므	미	매	메	먜	몌
ㅂ	뷰	브	비	배	베	뱨	볘
ㅃ	쀼	쁘	삐	빼	뻬	뺴	뼤

	ㅠ	ㅡ	ㅣ	ㅐ	ㅔ	ㅒ	ㅖ
ㅅ	슈	스	시	새	세	섀	셰
ㅆ	쓔	쓰	씨	쌔	쎄	썌	쎼
ㅇ	유	으	이	애	에	얘	예
ㅈ	쥬	즈	지	재	제	쟤	졔
ㅉ	쮸	쯔	찌	째	쩨	쨰	쪠
ㅊ	츄	츠	치	채	체	챼	쳬
ㅋ	큐	크	키	캐	케	컈	켸
ㅌ	튜	트	티	태	테	턔	톄
ㅍ	퓨	프	피	패	페	퍠	폐
ㅎ	휴	흐	히	해	헤	햬	혜

	ㅘ	ㅙ	ㅚ	ㅝ	ㅞ	ㅟ	ㅢ
ㄱ	과	괘	괴	궈	궤	귀	긔
ㄲ	꽈	꽤	꾀	꿔	꿰	뀌	끠
ㄴ	놔	놰	뇌	눠	눼	뉘	늬
ㄷ	돠	돼	되	둬	뒈	뒤	듸
ㄸ	똬	뙈	뙤	뚸	뛔	뛰	띄
ㄹ	롸	뢔	뢰	뤄	뤠	뤼	릐
ㅁ	뫄	뫠	뫼	뭐	뭬	뮈	믜
ㅂ	봐	봬	뵈	붜	붸	뷔	븨
ㅃ	뽜	뽸	뾔	뿨	쀄	쀠	쁴

	ㅘ	ㅙ	ㅚ	ㅝ	ㅞ	ㅟ	ㅢ
ㅅ	솨	쇄	쇠	숴	쉐	쉬	싀
ㅆ	쏴	쐐	쐬	쒀	쒜	쒸	씌
ㅇ	와	왜	외	워	웨	위	의
ㅈ	좌	좨	죄	줘	줴	쥐	즤
ㅉ	쫘	쫴	쬐	쭤	쮀	쮜	쯰
ㅊ	촤	쵀	최	춰	췌	취	츼
ㅋ	콰	쾌	쾨	쿼	퀘	퀴	킈
ㅌ	톼	퇘	퇴	퉈	퉤	튀	틔
ㅍ	퐈	퐤	푀	풔	풰	퓌	픠
ㅎ	화	홰	회	훠	훼	휘	희

한글 – 받침

	가	나	다	라	마	바	사	아
ㄱ								
ㄴ								
ㄷ								
ㄹ								
ㅁ								
ㅂ								
ㅇ								

▼ 써 봅시다.

[ㄱ]	ㄱ	목					
		책					
		수박					
	ㅋ	부엌					
		북녘					
	ㄲ	밖					
		닦다					
		깎다					

[ㄴ]	ㄴ	산					
		눈					
		돈					

[ㄷ]	ㄷ	숟가락					
		돋보기					
	ㅌ	끝					
		밑					
		밭					
	ㅅ	옷					
		빗					
		버섯					
	ㅆ	있다					
	ㅈ	낮					
		꽂다					

[ㄷ]	ㅊ	꽃					
		낮					
		찾다					
	ㅎ	히읗					
		까맣다					
		하얗다					

[ㄹ]	ㄹ	달					
		별					
		얼굴					

[ㅁ]	ㅁ	밤					
		삼					
		담배					

[ㅂ]	ㅂ	밥					
		컵					
		수업					
	ㅍ	앞					
		옆					
		무릎					

[ㅇ]	ㅇ	공					
		병					
		강아지					

차 례

1과 저는 한국 사람입니다

1. 아래 그림에 알맞은 나라 이름을 쓰십시오.

2. 〈보기〉와 같이 문장을 만드십시오.

보기

가: 한국 사람입니까?

나: 네, 한국 사람입니다.

1)

가: ________________________?

나: ________________________.

2)

가: ________________________?

나: ________________________.

3)

가: ________________________?

나: ________________________.

4)

가: ________________________?

나: ________________________.

5)

가: ________________________?

나: ________________________.

3. 맞는 그림을 연결하십시오.

1)  • • 의사

2)  • • 선생님

3)  • • 회사원

4)  • • 영화배우

5)  • • 요리사

6)  • • 가수

7)  • • 학생

4. 〈보기〉와 같이 단어로 문장을 만드십시오.

보기

민수, 한국 사람

➡ 민수는 한국 사람입니다.

1) 마이클, 미국 사람

➡ ______________________.

2) 안나, 러시아 사람

➡ ______________________.

3) 미호, 일본 사람

➡ ______________________.

4) 선생님, 한국 사람

➡ ______________________.

5) 하이디, 학생

➡ ______________________.

6) 제인, 기자

➡ ______________________.

7) 필립, 요리사

➡ ______________________.

5. 〈보기〉와 같이 대답을 쓰십시오.

보기

가: 수지 씨는 영화배우입니까? (가수)

나: 아니요, 영화배우가 아닙니다. 가수입니다.

1) 가: 카일 씨는 학생입니까? (회사원)

나: ________________.

2) 가: 왕명 씨는 선생님입니까? (학생)

나: ________________.

3) 가: 마리 씨는 의사입니까? (간호사)

나: ________________.

4) 가: 피터 씨는 기자입니까? (군인)

나: ________________.

5) 가: 주영 씨는 경찰입니까? (요리사)

나: ________________.

6) 가: 소피아 씨는 일본 사람입니까? (이탈리아 사람)

나: ________________.

7) 가: 앤디 씨는 영국 사람입니까? (호주 사람)

나: ________________.

6. 그림을 보고 〈보기〉와 같이 질문에 대답하십시오.

보기

가: 어느 나라 사람입니까?

나: 한국 사람입니다.

1)

가: 어느 나라 사람입니까?

나: ______________________.

2)

가: 직업이 무엇입니까?

나: ______________________.

3)

가: 영국 사람입니까?

나: ______________________.

4)

가: 학생입니까?

나: ______________________.

5)

가: 의사입니까?

나: ______________________.

다음을 듣고 (　　　　)에 쓰십시오.

01

1) 마이클 씨는 (　　　　) 사람입니다.

2) 민수 씨는 (　　　　)　사람입니다.

3) 세실 씨는 (　　　　) 사람입니다.

02

1) **남:** 저는 앤디입니다. (　　　　)입니다. 미국 (　　　　　　　　).

2) **남:** 주영 씨는 (　　　　　　　　)?

여: 아니요, 저는 요리사(　　) (　　　　　　　　). (　　　　)입니다.

남: 주영 씨는 한국 사람입니까?

여: 네, (　　　　) 한국 사람입니다. 저스틴 씨는 (　　　　) 사람입니까?

남: (　　　　), 저는 (　　　　) 사람입니다. (　　　　)입니다.

3) **남:** 안녕하세요? 저는 왕명입니다.

여: 안녕하세요? 저는 안나입니다.

남: 안나 씨는 (　　　　) 사람입니까?

여: 네, 저는 러시아 사람입니다. 저는 (　　　　)입니다.

남: 저는 (　　　　)입니다.

여: 왕명 씨는 (　　　　) 사람입니까?

남: 아니요, 저는 일본 사람(　　) (　　　　　　　　). (　　　　) 사람입니다.

2과 이것은 무엇입니까?

1. 그림에 맞는 단어를 쓰십시오.

2. 그림을 보고 〈보기〉처럼 대답을 쓰십시오.

보기

가: 무엇입니까?
나: 책입니다.

1)

가: 무엇입니까?
나: ______________________.

2)

가: 무엇입니까?
나: ______________________.

3)

가: 무엇입니까?
나: ______________________.

4)

가: 휴대폰입니까?
나: ______________________.

5)

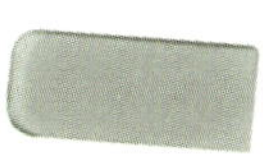

가: 지우개입니까?
나: ______________________.

6)

가: 책상입니까?

나: 아니요, ______________________________.

______________________________.

7)

가: 의자입니까?

나: 아니요, ______________________________.

______________________________.

8)

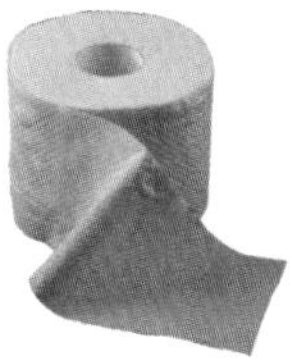

가: 지갑입니까?

나: 아니요, ______________________________.

______________________________.

9)

가: 안경입니까?

나: 아니요, ______________________________.

______________________________.

10)

가: 컴퓨터입니까?

나: 아니요, ______________________________.

______________________________.

3. 그림을 보고 〈보기〉처럼 대답을 쓰십시오.

보기

가: <u>이것은</u> 무엇입니까?

나: <u>이것은</u> 의자입니다.

1)

가: __________ 무엇입니까?

나: __________ 가방입니다.

2)

가: __________ 무엇입니까?

나: ______________________________.

3)

가: __________ 무엇입니까?

나: ______________________________.

4)

가: ____________ 칠판입니까?

나: ____________________ ________.

5)

가: ____________ 모자입니까?

나: 아니요, ________________________.

________________________________.

6)

가: ____________ 누구입니까?

나: 친구입니다.

7)

가: ____________ 누구입니까?

나: 선생님입니다.

4. 누구의 것입니까? 누구입니까? 그림을 보고 써 보십시오.

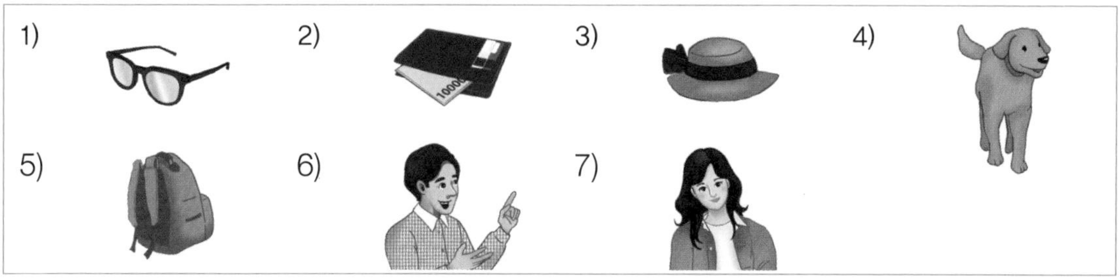

1) 가: 누구의 안경입니까?

나: ______________________.

2) 가: 누구의 지갑입니까?

나: ______________________.

3) 가: 누구의 모자입니까?

나: ______________________.

4) 가: 마이클 씨의 개입니까?

나: ______________________.

5) 가: 미호 씨의 가방입니까?

나: ______________________________.

6) 가: 누구의 친구입니까?

나: ______________________________.

7) 가: 에릭 씨의 여자 친구입니까?

나: ______________________________.

5. 그림을 보고 〈보기〉처럼 대화를 만들어 써 보십시오.

보기

(가방 × 우산 O)

가: 가방이 있습니까?

나: 아니요, 가방이 없습니다.

가: 우산이 있습니까?

나: 네, 우산이 있습니다.

1)

(시계 × 연필O)

가: 시계가 ______________?

나: 아니요, ______________.

가: 연필이 ______________?

나: 네, ______________.

2)

(우유 × 주스 O)

가: ________ ______________?

나: 아니요, ______________.

가: ________ ______________?

나: 네, ______________.

3) 

(김밥 × 라면 ○)

가: ______ ____________?

나: ______, ______________.

가: ______ ____________?

나: ___, ________________.

4) 

(잡지 × 신문 ○)

가: ______ ____________?

나: ______, ______________.

가: ______ ____________?

나: ___, ________________.

5) 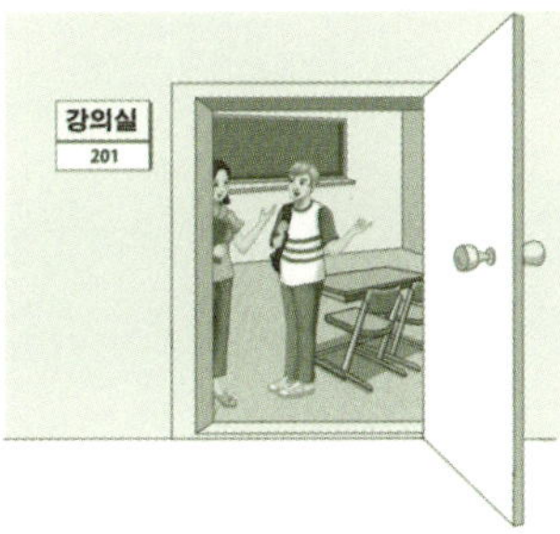

(왕명 씨 × 필립 씨 ○)

가: ______ ____________?

나: ______, ______________.

가: ______ ____________?

나: ___, ________________.

6. 다음을 읽고 ________에 맞게 쓰십시오.

보기

가: 왕명 씨, 이것은 무엇입니까?
나: 우산입니다.
가: 누구의 우산입니까?
나: 제 우산입니다.
가: 이 휴지는 왕명 씨의 휴지입니까?
나: 아니요, 제 휴지가 아닙니다. 민수 씨의 휴지입니다.

: 이것은 왕명 씨______ 우산입니다.

: 이것은 민수 씨의 휴지__________.
왕명 씨의 휴지_____ __________.

➡ 왕명 씨는 __________이/가 있습니다. 왕명 씨는 __________이/가 없습니다.
민수 씨는 __________이/가 있습니다. 민수 씨는 __________이/가 없습니다.

7. 다음 글을 읽고 대답을 쓰십시오.

보기

마이클: 유민 씨, 이것은 무엇입니까?
유 민: 연필입니다.
마이클: 누구_____ 연필입니까?
유 민: 제인 씨_____ 연필입니다.
마이클: 저것은 무엇입니까?
유 민: 저것은 모자입니다.
마이클: 유민 씨_____ 모자입니까?
유 민: 아니요, 제 모자가 아닙니다.
마이클: 그럼 누구_____ 모자입니까?
유 민: 필립 씨_____ 모자입니다.

1) _____에 맞는 것은 무엇입니까?

2) 제인 씨는 무엇이 있습니까?

3) 유민 씨는 연필이 있습니까?

4) 누구의 모자입니까?

8. 〈보기〉와 같이 문장을 만드십시오.

보기

이것 / 누구 / 가방 ➡ 이것은 누구의 가방입니까?

1) 이 사람 / 저 / 친구 ➡ ______

2) 저것 / 누구 / 사전 ➡ ______

3) 이분 / 한국어 / 선생님 ➡ ______

4) 그것 / 어머니 / 모자 ➡ ______

5) 아버지 / 직업 / 의사 ➡ ______

6) 저 / 이름 / 이수진 ➡ ______

7) 우리 / 어머니 / 회사원 / 아닙니다

➡ ______

8) 미국 친구 / 이름 / 마이클

➡ ______

9) 저 / 친구 / 대학생

➡ ______

10) 김민수 씨 / 휴대폰 / 있습니다

➡ ______

다음을 듣고 (   )에 쓰십시오.

01

수 진: 왕명 씨, 이것은 (   )입니까?

왕 명: 가방(   ).

수 진: 누구(   ) 가방입니까?

왕 명: (   ) 가방입니다.

수 진: 이 책은 왕명 씨의 책입니까?

왕 명: 아니요, 제 책이 (   ). 민수 씨의 책입니다.

02

가: 이것은 책입니까?

나: 아니요, 책이 아닙니다. (   ).

가: 수진 씨의 공책입니까?

나: 아니요, (   ) (   ) 공책입니다.

03

마이클: 유민 씨, (   ) 무엇입니까?

유 민: 모자입니다.

마이클: (   ) 모자입니까?

유 민: 왕명 씨의 모자입니다.

마이클: (   ) 무엇입니까?

유 민: 저것은 펜입니다.

마이클: 왕명 씨의 펜입니까?

유 민: 아니요, 제인 씨의 펜입니다.

마이클: 유민 씨, 유민 씨는 펜(   ) (   )?

유 민: 아니요. 펜이 (   ). 연필이 (   ).

3과 교실은 도서관 옆에 있습니다

1. 그림에 맞는 단어를 쓰십시오.

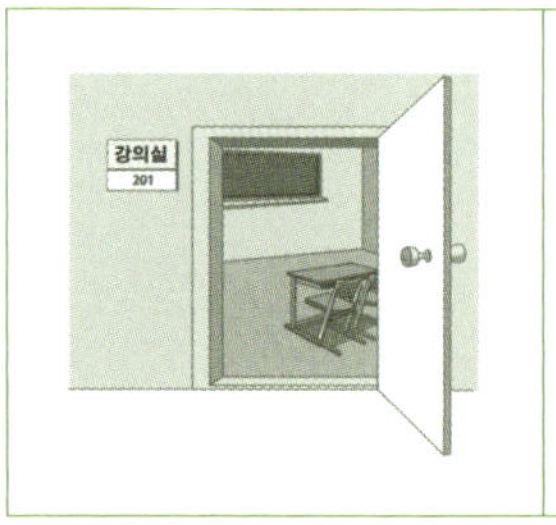

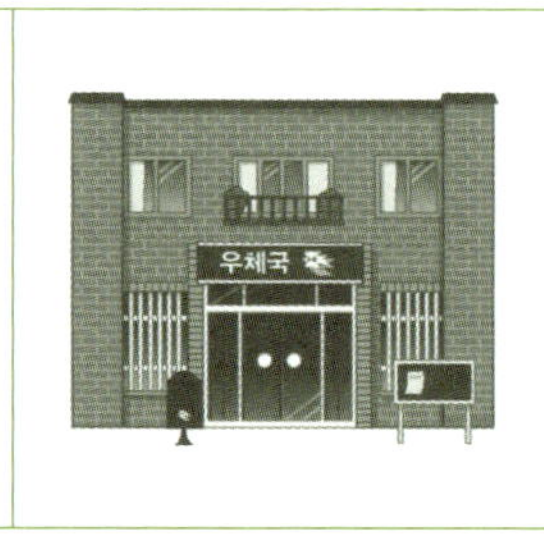

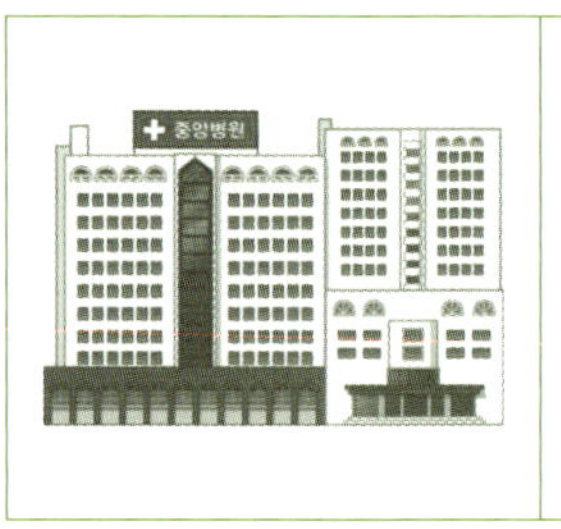

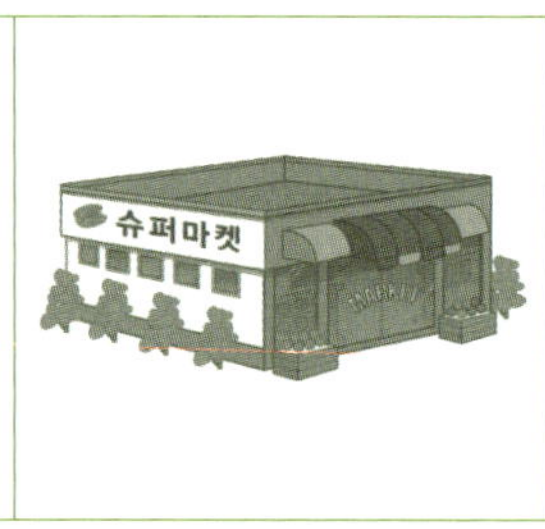

2. 다음 ____에 '이'나 '가'를 쓰십시오.

1) 선생님____ 한국 사람입니다.

2) 앤디____ 호주 사람입니다.

3) 왕명____ 학생입니다.

4) 마리____ 의사입니다.

5) 이 사람____ 제인입니다.

6) 책상____ 있습니다.

7) 지도____ 없습니다.

3. 어디에 있습니까? 그림을 보고 대답을 쓰십시오.

1)

가: 어디에 학생이 있습니까?

나: ______________________________.

2)

가: 어디에 왕명 씨가 있습니까?

나: ______________________________.

3)

가: 마이클 씨가 어디에 있습니까?

나: ______________________________.

4)

가: 니콜 씨가 어디에 있습니까?

나: ______________________________.

5)

가: 수진 씨가 식당에 있습니까?

나: 아니요, 수진 씨가 식당에 __________

______________________________.

6)

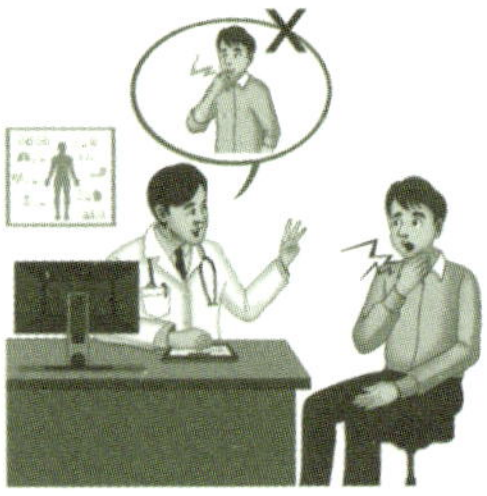

가: 민수 씨가 학교에 있습니까?

나: 아니요, ______________________

______________________________.

7)

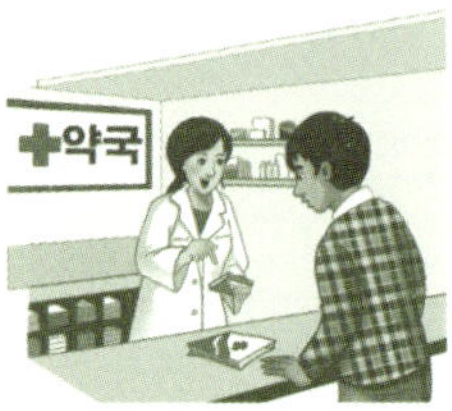

다나카

가: 누가 약국에 있습니까?

나: ______________________________.

8)

안나

가: 누가 공원에 있습니까?

나: ______________________________.

4. 어디에 있습니까? 〈보기〉와 같이 쓰십시오.

보기

가: 책이 어디에 있습니까?
나: <u>책이 책상 위에 있습니다</u>.

1)

가: 의자가 어디에 있습니까?
나: ______________________________.

2)

가: 가방이 어디에 있습니까?
나: ______________________________.

3)

가: 지갑이 어디에 있습니까?
나: ______________________________.

4)

가: 자동차가 어디에 있습니까?
나: ______________________________.

5)

가: 수진 씨가 교실 밖에 있습니까?
나: ______________________________.

6) 

가: 커피숍이 어디에 있습니까?

나: ______________________________.

가: 우체국 왼쪽에 약국이 있습니까?

나: ______________________________.

7) 

가: 커피숍이 어디에 있습니까?

나: ______________________________.

가: 약국이 어디에 있습니까?

나: ______________________________.

5. '하고'를 사용해서 〈보기〉와 같이 쓰십시오.

보기

가: 냉장고에 무엇이 있습니까? (사과, 바나나)

나: 냉장고에 사과하고 바나나가 있습니다.

1) 가: 교실에 누가 있습니까? (선생님, 학생)

나: ______________________.

2) 가: 도서관에 무엇이 있습니까? (책, 책상)

나: ______________________.

3) 가: 가방에 무엇이 있습니까? (지갑, 공책)

나: ______________________.

4) 가: 커피숍에 무엇이 있습니까? (커피, 주스)

나: ______________________.

5) 가: 식당에 누가 있습니까? (앤디 씨, 수진 씨)

나: ______________________.

6. 그림을 보고 답을 쓰십시오.

1) 치마가 어디에 있습니까?

2) 책상 위에 무엇이 있습니까?

3) 가방이 어디에 있습니까?

4) 개가 방 안에 있습니까?

5) 휴지가 어디에 있습니까?

6) 빵이 냉장고 안에 있습니까?

7) 냉장고 위에 무엇이 있습니까?

다음을 듣고 (   )에 쓰십시오.

01

남: 책이 (   ) 있습니까?

여: 책상 (   ) 있습니다.

남: 책상 위 어디에 (   )?

여: 컴퓨터 (   ) 있습니다.

02

남: 휴대폰이 가방 (   ) 있습니까?

여: 아니요, 가방 (   ) (   ).

남: 어디에 있습니까?

여: 의자 (   ) 있습니다.

03

남: 수진 씨가 어디에 있습니까?

여: 수진 씨가 우체국 (   ) 있습니다.

수진 씨가 자동차 (   ) 있습니다.

4과 도서관에서 책을 읽습니다

1. 그림을 보고 맞는 것을 연결하십시오.

1)  • • 쇼핑하다

2)  • • 자다

3)  • • 청소하다

4)  • • 듣다

5)  • • 산책하다

6)  • • 만나다

7)  • • 주다

2. 그림에 맞는 단어를 쓰십시오.

3. 다음 빈칸에 쓰십시오.

동사	-ㅂ니다 / -습니다	-ㅂ니까? / -습니까?	동사	-ㅂ니다 / -습니다	-ㅂ니까? / -습니까?
가다	갑니다	갑니까?	먹다		
오다			읽다		
보다			받다		
만나다			듣다		
자다			공부하다		
사다			숙제하다		
타다			운동하다		
마시다			일하다		
가르치다			산책하다		
기다리다			쇼핑하다		
다니다			노래하다		
주다			좋아하다		
배우다			요리하다		
춤추다			청소하다		
쓰다			말하다		
자르다			*팔다		

4. 맞는 것에 ○표 하십시오.

1) 저는 빵(을, 를) 먹습니다.

2) 저는 한국어(을, 를) 배웁니다.

3) 제인 씨는 우유(을, 를) 마십니다.

4) 마이클 씨는 책(을, 를) 봅니다.

5) 수진 씨는 신문(을, 를) 읽습니다.

6) 민수 씨는 사과(을, 를) 삽니다.

7) 왕명 씨는 선생님(을, 를) 기다립니다.

5. 그림을 보고 ________에 쓰십시오.

1) 

가: 무엇을 합니까?

나: ________________

2) 

가: ________________?

나: ________________

3) 

가: ________________?

나: ________________

4) 

가: ________________?

나: ________________

5) 

가: ________________?

나: ________________

6) 

가: ________________?

나: ________________

7) 

가: ________________?

나: ________________

6. 맞는 것에 ○표 하십시오.

1) 집(에, 에서) 갑니다.

2) 커피숍(에, 에서) 친구를 만납니다.

3) 학교(에, 에서) 다닙니다.

4) 부모님이 한국(에, 에서) 옵니다.

5) 공원(에, 에서) 산책합니다.

6) 도서관(에, 에서) 책을 읽습니다.

7) 식당(에, 에서) 점심을 먹습니다.

7. 여기에서 무엇을 합니까? 쓰십시오.

1) 

· 교실에서 공부를 합니다.

· ______________________________.

2) 

· ______________________________.

· ______________________________.

3) 

· ______________________________.

· ______________________________.

4) 

· ______________________________.

· ______________________________.

5) 

· ______________________________.

· ______________________________.

8. ________에 맞는 조사를 쓰십시오.

저는 매일 학교①________ 갑니다. 중앙대학교②________ 한국어를 배웁니다.

안 선생님이 한국어③________ 가르칩니다.

저는 오늘 명동④________ 갑니다. 명동⑤________ 미호 씨를 만납니다.

미호 씨는 서울에서 회사⑥______ 다닙니다. 미호 씨의 회사는 명동⑦______ 있습니다.

우리는 명동⑧________ 밥을 먹습니다. 그리고 차⑨________ 마십니다.

9. 〈보기〉와 같이 문장을 만드십시오.

보기

에서 / 도서관 / 숙제 / 합니다 / 왕명 씨 / 가 / 를

➡ 왕명 씨가 도서관에서 숙제를 합니다.

1) 에 / 커피숍 / 있습니까? / 어디 / 이

➡ ____________________

2) 커피숍 / 를 / 친구 / 만납니다 / 에서

➡ ____________________

3) 커피숍 / 에 / 학교 / 앞 / 이 / 있습니다

➡ ____________________

4) 왕명 씨 / 에 / 어디 / 갑니까? / 가

➡ ____________________

5) 책 / 도서관 / 읽습니다 / 에서 / 을

➡ ____________________

6) 미호 씨 / 가방 / 가 / 을 / 백화점 / 삽니다 / 에서

➡ ____________________

7) 어디 / 한국어 / 배웁니까? / 에서 / 를

➡ ____________________

8) 여기 / 친구 / 에서 / 를 / 기다립니다

➡ ____________________

다음을 듣고 (   )에 쓰십시오.

01

1) 여기에서 (   )을 합니다. 여기에서 친구를 (   ).
여기에서 (   )을 합니다.

2) 여기(   ) 친구를 만납니다.
여기(   ) (   )가 많이 있습니다.
(   )이 많이 (   ).

3) 여기에서 (   )을 만납니다. 여기에서 (   )를 합니다.
여기에서 친구(   ) 만납니다.

02

남: 안나 씨, 오늘 (   ) 갑니까?

여: 아니요, (   ) 없습니다.

남: 그러면 (   ) 무엇을 합니까?

여: 집에서 (   )를 합니다. 그리고 드라마를 봅니다.

남: 집에서 드라마를 봅니까?

여: 아니요, (   ) 텔레비전이 (   ).
친구 (   ) 드라마를 봅니다.
왕명 씨는 오늘 무엇을 합니까?

남: (   )에 갑니다. (   ) 친구가 한국(   ) (   ).

5과 아버지는 회사원입니다

1. 누구입니까? 그림에 맞는 단어를 쓰십시오.

1)

2)

3)

2. 그림에 맞는 단어를 쓰십시오.

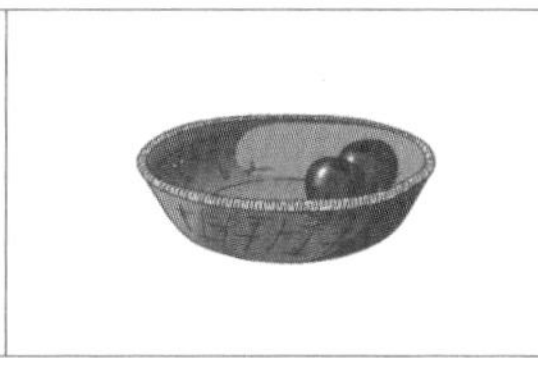

3. 다음 ______에 맞는 말을 쓰십시오.

1)

가: 무엇을 좋아합니까?

나: 저는 라면______ 피자를 좋아합니다.

2)

가: 학교에서 무엇을 배웁니까?

나: ____________________________.

3)

민수

제인

가: 교실에 누가 있습니까?

나: ____________________________.

4)

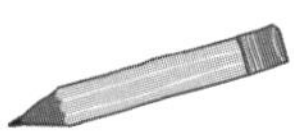

가: 문구점에서 무엇을 삽니까?

나: ____________________________.

5)

가: 무엇을 마십니까?

나: ____________________________.

6)

가: 책상 위에 무엇이 있습니까?

나: ____________________________.

7)

가: 어디에 갑니까?

나: ____________________________.

4. ________에 맞는 말을 쓰십시오.

1)

김민수 이주영

김민수 씨는 한국 사람입니다.
이주영 씨____ 한국 사람입니다.

2)

다나카 씨는 회사원입니다.
카일 씨____ 회사원입니다.

3)

수미 씨는 키가 큽니다.
마이클 씨____________________.

4)

나는 우산이 있습니다.
______________________________.

5)

필립 제니

필립 씨는 춤을 춥니다.
______________________________.

6)

5,000원 2,000원

가방이 ______________________.
______________________________.

7)

컴퓨터 텔레비전

백화점에 ____________________.
______________________________.

5. 〈보기〉에서 맞는 조사를 골라 ______에 쓰십시오.

보기

이/가　은/는　을/를　의　에　에서　와/과　도

1) 안녕하세요? 제 이름은 다나카입니다. 저____ 일본 사람입니다. 저____ 지금 중앙대학교 ____ 다닙니다. 학교____ 한국어____ 중국어를 배웁니다. 재미있습니다. 저____ 친구가 많습니다.

2) 한국 친구____ 이름은 김민수입니다. 대학생입니다. 목동____ 삽니다. 민수 씨는 키____ 큽니다. 노래____ 좋아합니다. 영화____ 좋아합니다.

3) 중국 친구____ 이름은 왕명입니다. 왕명 씨____ 대학생입니다. 왕명 씨____ 고향은 베이징입니다. 왕명 씨____ 기숙사____ 삽니다. 농구____ 축구를 좋아합니다. 운동장 ____ 농구를 합니다.

4) 미국 친구____ 이름은 제임스입니다. 제임스 씨____ 대학생입니다. 제임스 씨____ 고향은 뉴욕입니다. 제임스 씨는 영화____ 한국 드라마____ 좋아합니다.

5) 제임스 씨는 여자 친구____ 있습니다. 여자 친구____ 아주 예쁩니다. 그리고 날씬합니다. 제임스 씨____ 여자 친구는 학교____ 다니지 않습니다. 회사원입니다. 매일 회사____ 갑니다.

6. 다음 빈칸에 쓰십시오.

기본형	-(스)ㅂ니다	-지 않습니다
크다		
작다		
많다		
적다		
*길다		
짧다		
싸다		
비싸다		
깨끗하다		
더럽다		
날씬하다		
뚱뚱하다		
좋다		
나쁘다		
재미있다		
재미없다		
맛있다		
맛없다		
편하다		
불편하다		
예쁘다		
친절하다		

7. 〈보기〉와 같이 '-지 않다'로 대답하십시오.

보기

필립

가: 필립 씨가 노래합니까?

나: 아니요, <u>필립 씨가 노래하지 않습니다</u>.

<u>필립 씨가 춤을 춥니다</u>.

1)

○ ×

가: 어머니가 운동합니까?

나: 아니요, 어머니가 ____________________.

어머니가 ____________________.

2)

할아버지

가: 할아버지가 영화를 ____________________?

나: 아니요, 할아버지가 ____________________.

할아버지가 ____________________.

3)

필립

가: 필립 씨가 공부합니까?

나: 아니요, 필립 씨가 ____________________.

필립 씨가 ____________________.

4)

제임스

가: 제임스 씨가 한국어를 ____________________?

나: 아니요, 한국어를 ____________________.

제임스 씨가 한국어를 ____________________.

5)

민수

가: 민수 씨가 가방을 ____________________?

나: 아니요, 가방을 ____________________.

민수 씨가 가방을 ____________________.

8. 〈보기〉와 같이 '-지 않다'로 대답하십시오.

보기

가: 집이 작습니까?

나: 아니요, 작지 않습니다. 큽니다.

1)

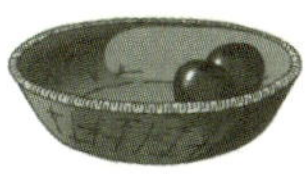

가: 사과가 많습니까?

나: 아니요, ________________. ____________.

2)

가: 구두가 편합니까?

나: 아니요, ________________. ____________.

3)

가: 언니가 뚱뚱합니까?

나: 아니요, ________________. ____________.

4)

가: 유민 씨의 머리가 깁니까?

나: 아니요, ________________. ____________.

5)

가: 옷이 더럽습니까?

나: 아니요, ________________. ____________.

9. 다음 단어를 사용해서 〈보기〉와 같이 문장을 만드십시오.

보기

한국 드라마 / 영화 / 재미있다

➡ 한국 드라마와 영화가 재미있습니다.

1) 아버지 / 회사 / 다니다 / 않다

➡ ______________________________.

2) 학교 / 컴퓨터 / 피아노 / 배우다

➡ ______________________________.

3) 형 / 여자 친구 / 키 / 크다

➡ ______________________________.

4) 언니 / 오빠 / 부산 / 살다

➡ ______________________________.

5) 왕명 씨 / 학생이다 / 다나카 씨 / 학생이다

➡ ______________________________.

다음을 듣고 (　　　　)에 쓰십시오.

01

마리 씨는 (　　　　　　) 사람입니다.
마리 씨는 학교 식당에서 (　　　　) (　　　　　　) 먹습니다.
(　　　　　　) (　　　　　　) 좋아합니다.
(　　　　　　) (　　　　　　) (　　　　)을 좋아하지 않습니다.
학교에서 (　　　　　　　　) (　　　　　　　　).

02

(　　　　　　　　　)? 우리 가족을 (　　　　　　　　　　). 우리 가족은 (　　　　),
(　　　　), (　　), (　　　　　　　　).

저의 이름은 장위입니다. 중국 사람입니다. 저는 (　　　　　　)입니다. 한국에서 (　　　　　　) (　　　　　　) (　　　　　　　　). 저는 영화를 좋아합니다.

아내는 선생님입니다. 중국어를 가르칩니다. (　　　　　　) (　　　　　　) 좋아합니다. 영화를 좋아하지 않습니다.

아들은 대학생입니다. 중앙대학교에 다닙니다.

중앙대학교(　　　　) (　　　　　　　　) 공부합니다. 아들은 운동을 좋아합니다.

(　　　　) 대학생입니다. (　　　　　　　　　　) 다닙니다.

한국 (　　　　　　) 좋아합니다. (　　　　　　　　) 좋아합니다.

6과 이거 얼마예요?

1. 빈칸에 쓰십시오.

기본형	-아/어요	기본형	-아/어요
가다	가요	말하다	
사다		쇼핑하다	
자다		운동하다	
타다		숙제하다	
만나다		청소하다	
오다		좋아하다	
보다		이야기하다	
살다		노래하다	
팔다		비싸다	
먹다		좋다	
읽다		많다	
주다		작다	
배우다		재미있다	
춤추다		재미없다	
마시다		길다	

가르치다		*바쁘다	
기다리다		*예쁘다	
다니다		*쓰다	
*듣다		*크다	
일하다		날씬하다	
공부하다		친절하다	
학생이다		가수이다	

2. 〈보기〉와 같이 '-습니다'를 '-아/어요'로 바꾸십시오.

> **보기**
> 옷과 구두를 삽니다. ➡ 옷과 구두를 사요.

1) 영화관에서 영화를 봅니다. ➡ ______________________.

2) 제 여자 친구는 예쁩니다. ➡ ______________________.

3) 저는 운동을 좋아합니다. ➡ ______________________.

4) 아침에 빵과 우유를 먹습니다. ➡ ______________________.

5) 정류장에서 버스를 기다립니다. ➡ ______________________.

6) 저는 한국 노래를 듣습니다. ➡ ______________________.

7) 저는 학교 근처에 삽니다. ➡ ______________________.

8) 저는 키가 크지 않습니다. ➡ ______________________.

9) 저는 베트남 사람입니다. ➡ ______________________.

10) 저는 가수가 아닙니다. ➡ ______________________.

3. 다음 표를 완성하십시오.

기본형	-(스)ㅂ니다	-지 않아요	-아/어요
크다	큽니다	크지 않아요	커요
쓰다			
바쁘다			
나쁘다			
기쁘다			
예쁘다			
아프다			
고프다			
슬프다			

4. 질문에 대답하십시오.

보기

가: 왜 약을 먹어요?
나: 머리가 아파요. (아프다)

1) 가: 그 영화가 재미있어요?
   나: 아니요, 조금 ______________________. (슬프다)

2) 가: 기숙사 방이 커요?
   나: 네, 방이 아주 ______________________. (크다)

3) 가: 마이클 씨의 여자 친구가 어때요?
   나: 아주 ______________________. (예쁘다)

4) 가: 주영 씨, 무엇을 해요?
   나: 지금 편지를 ______________________. (쓰다)

5) 가: 내일 시간이 있어요?
   나: 아니요, 일이 많아요. ______________________. (바쁘다)

5. 숫자를 한글로 쓰십시오.

0	(영,)	11	( )	18,000	( )
1	( )	20	( )	22,000	( )
2	( )	30	( )	26,000	( )
3	( )	40	( )	60,000	( )
4	( )	50	( )	90,000	( )
5	( )	60	( )	100,000	( )
6	( )	100	( )	110,000	( )
7	( )	300	( )	400,000	( )
8	( )	1,000	( )	1,000,000	( )
9	( )	2,500	( )	1,650,000	( )
10	( )	10,000	( )	3,000,000	( )

6. 그림을 보고 질문에 대답하십시오.

1)

가: 마이클 씨, 몇 번 버스를 타요?

나: ______________________________.

2)

가: 백화점에 화장실이 몇 층에 있어요?

나: ______________________________.

3)

가: 전화번호가 몇 번이에요?

나: ______________________________.

4)

가: 지하철 몇 호선을 타요?

나: ______________________________.

5)

가: 지금 몇 쪽을 공부해요?

나: ______________________________.

7. 〈보기〉와 같이 질문을 쓰십시오.

보기

가: <u>어느 나라 사람이에요</u>?
나: 저는 중국 사람이에요.

1) 가: ______________________________?
나: 3,500원이에요.

2) 가: ______________________________?
나: 교실이 5층입니다.

3) 가: ______________________________?
나: 지하철 7호선을 탑니다.

4) 가: ______________________________?
나: 제니 씨 전화번호는 010-9357-9238이에요.

5) 가: ______________________________?
나: 567번 버스를 타요.

8. 그림을 보고 질문에 대답하십시오.

1)

가: 책이 얼마예요?

나: ______________________________.

2)

가: 지우개가 얼마예요?

나: ______________________________.

3)

가: 자전거가 얼마예요?

나: ______________________________.

4)

가: 휴대폰이 얼마예요?

나: ______________________________.

5)

가: 모자가 얼마예요?

나: ______________________________.

9. 다음 단어를 사용해서 〈보기〉와 같이 문장을 만드십시오.

보기

저 / 중앙대학교 / 한국어 / 배우다

➡ 저는 중앙대학교에서 한국어를 배워요.

1) 중앙대학교 / 전화번호 / 820-6490

➡ ______________________________.

2) 나 / 지금 / 배 / 고프다

➡ ______________________________.

3) 교실 / 몇 / 층 / 있다

➡ ______________________________?

4) 명동 / 사람 / 자동차 / 많다

➡ ______________________________.

5) 저 / 선생님 / 아니다 / 학생 / 이다

➡ ______________________________.

다음을 듣고 (   )에 쓰십시오.

01

1) **안내원:** 안녕하세요? 중앙 백화점입니다.

손　님: 남자 구두가 (   ) (   )에 있어요?

안내원: (   )에 있습니다.

손　님: 남자 옷은 (   ) (   )에 있어요?

안내원: (   )에 있습니다.

손　님: (   )은 (   ) (   )에 있어요?

안내원: (   )은 1층에 있습니다.

손　님: 남자 (   )은 어디에 있어요?

안내원: 커피숍 (   ) 있습니다.

손　님: 네, 감사합니다.

2) **미　호:** (   ). 카메라가 몇 층에 있어요?

지나가는 사람: (   )에 있어요.

미　호: 식당은 몇 층에 있어요?

지나가는 사람: (   ) (   )에 있어요.

미　호: 지하 2층에 뭐가 있어요?

지나가는 사람: (   )이 있어요.

미　호: 감사합니다.

02

주 인: (   ) (   ).

손 님: 아주머니, 이 모자가 (   )?

주 인: (   )이에요.

손 님: 이 가방이 (   )?

주 인: (   )이에요.

손 님: (   ). 저 바지가 얼마예요?

주 인: 저 바지는 (   )이에요.

손 님: 모자(   ) 바지 (   ).

주 인: (   ) (   )입니다. 감사합니다. 안녕히 가세요.

7과 영화를 보고 운동했어요

1. 다음은 4월 달력입니다.

4월						
일요일	월요일	화요일	수요일	목요일	금요일	토요일
1	2	3	4 운동	5	6	7
8	9 〈오늘〉	10 영화	11 운동	12	13	14 박물관
15	16	17	18 운동	19	20	21 여행
22 여행	23 한국어 시험	24	25 운동	26	27 쇼핑	28
29	30					

(1) 질문에 대답하십시오.

1) 오늘이 몇 월 며칠이에요?

➡ ____________________.

2) 모레가 무슨 요일이에요?

➡ ____________________.

3) 다음 주 화요일이 몇 월 며칠이에요?

➡ ________________________________.

4) 언제 박물관에 가요?

➡ ________________________________.

5) 한국어 시험이 언제예요?

➡ ________________________________.

(2) ________에 맞는 질문을 쓰십시오.

1) 가: ________________________________?

나: 4월 8일이에요.

2) 가: ________________________________?

나: 수요일에 운동해요.

3) 가: ________________________________?

나: 내일 영화를 봐요.

4) 가: ________________________________?

나: 27일에 쇼핑을 해요.

5) 가: ________________________________?

나: 다음 주 주말에 여행을 가요.

2. 빈칸에 쓰십시오.

동사	-았/었어요	동사	-았/었어요
가다	갔어요	배우다	
사다		운동하다	
자다		공부하다	
만나다		일하다	
보다		좋아하다	
오다		*듣다	
살다		*걷다	
길다		*묻다	
주다		*쓰다	
먹다		*크다	
읽다		*바쁘다	
받다		*예쁘다	
마시다		의사이다	
가르치다		학생이다	

3. 다음을 과거로 바꾸십시오.

1) 오늘 저는 친구를 만납니다.

➡ 어제 저는 친구를 만났습니다.

2) 오늘 도서관에 갑니다.

➡ 어제 ______________________________.

3) 오늘 영화를 봅니다.

➡ 어제 ______________________________.

4) 오늘 빵을 먹습니다.

➡ 어제 ______________________________.

5) 오늘 우유를 마십니다.

➡ 어제 ______________________________.

6) 오늘 편지를 씁니다.

➡ 어제 ______________________________.

7) 오늘 음악을 듣습니다.

➡ 어제 ______________________________.

8) 오늘은 4월 20일입니다.

➡ 어제 ______________________________.

9) 오늘은 화요일입니다.

➡ 어제 ______________________________.

10) 저는 지금 의사입니다.

➡ 작년 ______________________________.

4. 〈보기〉와 같이 그림을 보고 쓰십시오.

보기

(주영, 지난주 목요일)

주영 씨는 지난주 목요일에 식당에서 밥을 먹었습니다.

1)

(민수, 그제)

민수 씨는 ______________________________

______________________________________.

2)

(유민, 지난 주말)

유민 씨는 ______________________________

______________________________________.

3)

(마리, 지난주 화요일)

____

______________________________________.

4)

(피터, 어제)

____

______________________________________.

5)

(카일, 지난주 일요일)

____

______________________________.

6)

(준호, 지난달)

____

______________________________.

7)

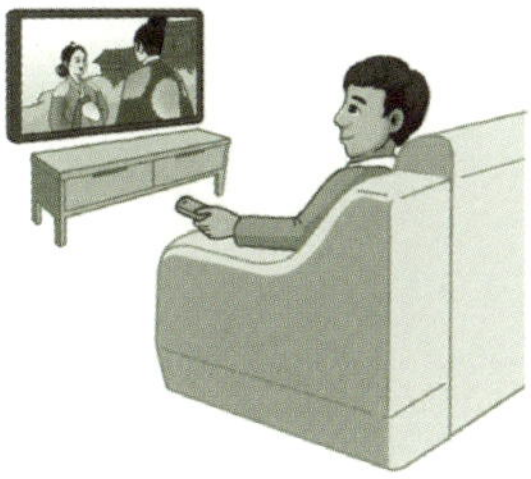

(다나카, 지난주 금요일)

____

______________________________.

8)

(영미, 작년 2월)

____

______________________________.

9)

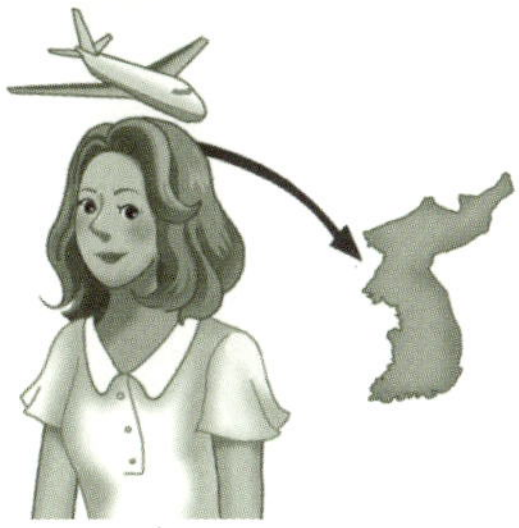

(리사, 지난 6월)

____

______________________________.

10)

(마이클, 작년 10월)

____

______________________________.

5. 그림을 보고 〈보기〉와 같이 '-고'를 사용해서 대답을 쓰십시오.

보기

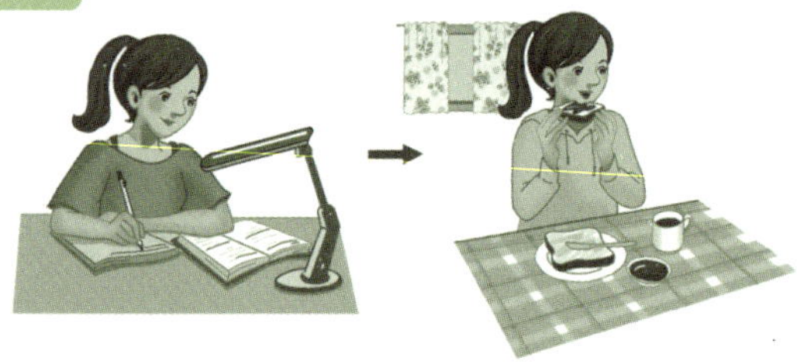

가: 어제 무엇을 했어요?

나: 공부를 하고 식사를 했어요.

1)

준수

수연

가: 준수 씨와 수연 씨는 지금 뭐 해요?

나: ______________________________

______________________________.

2)

아내

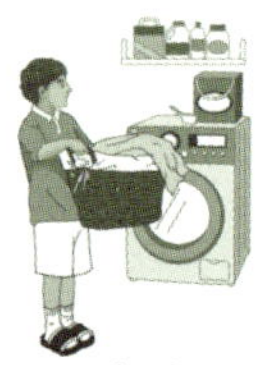

남편

가: 아내와 남편은 어제 뭐 했어요?

나: ______________________________

______________________________.

3)

가: 주말에 보통 뭐 해요?

나: ______________________________

______________________________.

4)

가: 어제 뭐 했어요?

나: ______________________________

______________________________.

5)

가: 선호 씨는 지난주 토요일에 뭐 했어요?

나: ______________________________

______________________________.

6)

가: 금요일에 학교에 갔어요?

나: 아니요, ______________________________

______________________________.

7)

예쁘다 / 날씬하다

가: 제인 씨가 예뻐요?

나: 네, 제인 씨는 ______________________

______________________________.

8)

싸다 / 편하다

가: 운동화가 좋아요?

나: 네, ______________________________.

9)

요코　　세실

가: 두 사람은 어느 나라 사람이에요?

나: ______________________________

______________________________.

10)

수지　　지용

가: 두 사람은 직업이 뭐예요?

나: ______________________________

______________________________.

다음을 듣고 (   )에 쓰십시오.

01

1) **남:** 안녕하세요? 저는 마이클입니다. 미국 사람입니다.
저는 (   ) (   )에 한국에 왔습니다.

2) **여:** 안녕하세요? 저는 제인입니다. 저는 (   ) (   )에 한국에 왔습니다.
(   ) (   )에 미국에 갑니다.

3) **남:** 저는 다나카입니다. 오늘은 (   ) (   ) (   ).
저는 (   ) 친구를 만납니다.

4) **여:** 저는 리사예요. (   )은 (   ) (   )이에요.
오늘은 (   ). (   ) 쇼핑하지 (   ).
(   ) (   ) (   )에 쇼핑해요.

02

리 사: 민수 씨, (   ) 뭐 (   )?

민 수: (   )에는 친구 생일 파티에 (   ).
거기에서 게임도 하고 노래도 (   ).

리 사: (   )에는 뭐 했어요?

민 수: 놀이공원에 갔어요. 정말 (   ).

리 사: 그래요? 참, 민수 씨, 내일 (   ) (   )?
우리 집에서 파티를 해요.

민 수: 그래요? 저는 파티를 좋아해요. 언제 파티를 해요?

리 사: 내일 시험이 (   ) 파티가 있어요.

민 수: 네? 내일 (   ) (   )?

리 사: 네, 몰랐어요? 읽기와 듣기 (   ) (   ).

민 수: 내일이 (   ) (   ) (   )이에요?

리 사: 네, (   ).

민 수: 어떻게 해요? (   ) (   ) (   ).

8과 저는 비빔밥을 먹겠어요

1. 그림에 맞는 단어를 쓰십시오.

  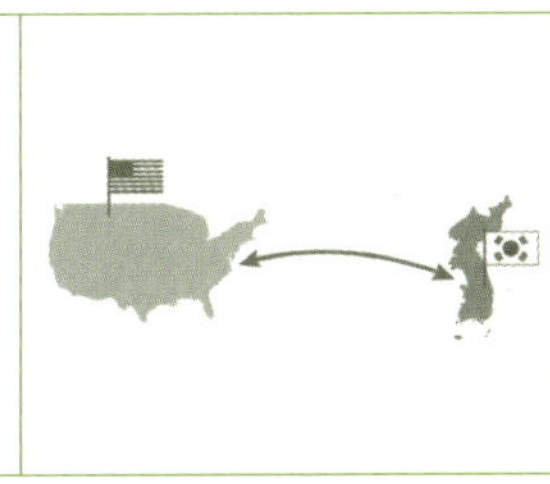 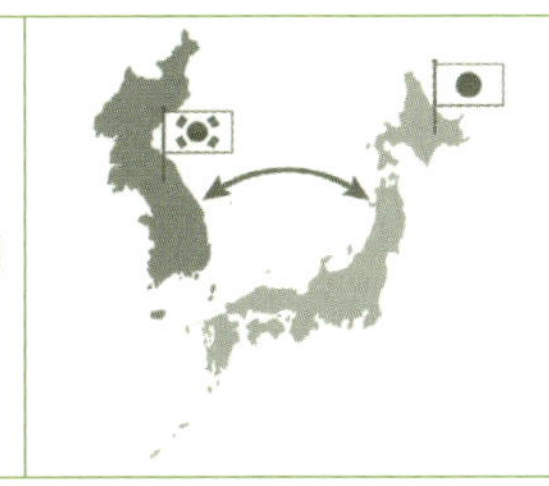

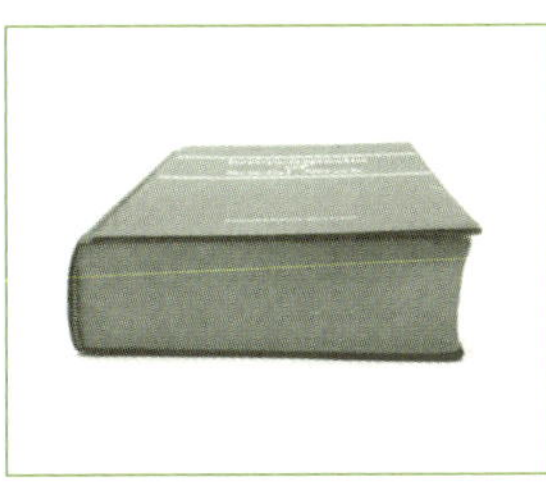   

2. 맞는 맛을 연결해 보십시오.

 • • 시다

• • 달다

 • • 싱겁다

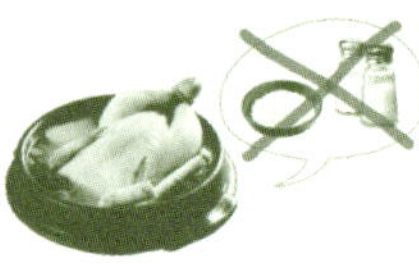 • • 맵다

 • • 짜다

• • 쓰다

3. 빈칸에 맞게 쓰십시오.

기본형	-(스)ㅂ니다	-아/어요	-았/었어요
맵다	맵습니다	매워요	매웠어요
싱겁다			
뜨겁다			
차갑다			
무겁다			
가볍다			
가깝다			
입다			
잡다			
덥다			
춥다			
쉽다			
어렵다			
귀엽다			
더럽다			
두껍다			
좁다			
얇다			

1) 종이는 10그램(g)이에요. ______________. (가볍다)

그렇지만 책상은 100킬로그램(kg)이에요. ________________. (무겁다)

2) 가: 김치가 ________________? (맵다)

나: 아니요, ____________지 않아요. (맵다) ________________. (싱겁다)

3) 가: 오늘 날씨가 아주 ________________. (덥다)

나: 냉장고 안에 주스가 있어요. 아주 ________________. (차갑다)

4) 날씨가 ________________. (춥다) 그래서 코트를 ____________. (입다)

5) 이 옷은 ______________. (두껍다) 그래서 따뜻해요.

그렇지만 저 옷은 ____________. (얇다)

4. 그림을 보고 '안'을 사용해서 문장을 만드십시오.

1)

가: 왕명 씨가 자요?

나: 아니요, 안 자요. 음악을 들어요.

2)

가: 주영 씨가 텔레비전을 봐요?

나: 아니요, ______________________.

3)

가: 수진 씨가 한국어를 배워요?

나: 아니요, ______________________.

4)

가: 지원 씨가 편지를 읽어요?

나: 아니요, ______________________.

5)

가: 민수 씨가 밥을 먹어요?

나: 아니요, ______________________.

6)

가: 성우 씨가 친구를 만나요?

나: 아니요, ______________________.

7)

그림을 그리다

가: 에릭 씨가 가방을 사요?

나: 아니요, ______________________.

8)

가: 어머니가 요리해요?

나: 아니요, ______________________.

9)

가: 안나 씨가 노래해요?

나: 아니요, ______________________.

10)

가: 카일 씨가 공부해요?

나: 아니요, ______________________.

5. 숫자를 한글로 쓰십시오.

0 (영,　　　)

1 (　　　)	11 (　　　)	21 (　　　)
2 (　　　)	12 (　　　)	22 (　　　)
3 (　　　)	13 (　　　)	30 (　　　)
4 (　　　)	14 (　　　)	40 (　　　)
5 (　　　)	15 (　　　)	50 (　　　)
6 (　　　)	16 (　　　)	60 (　　　)
7 (　　　)	17 (　　　)	70 (　　　)
8 (　　　)	18 (　　　)	80 (　　　)
9 (　　　)	19 (　　　)	90 (　　　)
10 (　　　)	20 (　　　)	100 (　　　)

6. 〈보기〉에서 맞는 말을 골라 맞게 쓰십시오.

보기
명　분　마리　권　개　장　병　잔　대　살　그릇

1) 어제 서점에서 책을 (5)다섯 ______ 샀어요.

2) 하루에 커피를 (4)______ ______ 마셔요.

3) 우리 집에 개가 (1)______ ______ 있어요.

4) 아줌마, 여기 비빔밥 (6)______ ______ 주세요.

5) 제 동생의 나이는 (21)______ ______예요/이에요.

6) 우리 집에 자동차가 (2)______ ______ 있어요.

7) 냉장고에 맥주가 (10)______ ______ 있어요.

8) 책상 위에 사진 (7)______ ______이/가 있어요.

9) 교실에 학생이 (19)______ ______ 있어요.

10) 시장에서 사과를 (8)______ ______ 샀어요.

7. 무엇을 하겠습니까? '-겠-'을 사용해서 써 보십시오.

1) 다음 주부터 방학입니다. 무엇을 하겠습니까?

______________________________.

______________________________.

______________________________.

2) 오늘 남자 친구/여자 친구와 만납니다. 무엇을 하겠습니까?

______________________________.

______________________________.

______________________________.

3) 돈이 아주 많이 있습니다. 무엇을 하겠습니까?

______________________________.

______________________________.

______________________________.

다음을 듣고 (   )에 쓰십시오.

01

남: 진평 씨, 무엇을 (   )?

여: 떡볶이를 (   ).

남: 맵지 않아요?

여: (   ). 저는 떡볶이를 (   ) 좋아해요. 우리 고향 음식은 (   ) (   ). 에릭 씨는 (   ) (   )?

남: 저는 순두부찌개를 먹겠어요.
아주머니! 여기 떡볶이 (   )하고 순두부찌개 (   ) 주세요.

여: 튀김도 주문해요.

남: 좋아요. 아주머니, 튀김도 2인분 주세요.

02

남: 안녕하세요? 어디에 가요?

여: 학생 식당에 가요. 거기에서 점심을 먹어요.

남: 학생 식당이 어디에 있어요? (   )?

여: 아니요, (   ). 학생 식당은 학교 (   ) 있어요.
그래서 (   ).

남: 학생 식당이 (   )?

여: 네, 학생 식당은 (   ) (   ) 사람이 (   ). 그래서 점심시간에는 많이 기다려요. (   ) 깨끗하고 (   ) (   ).
왕명 씨는 어디에서 (   ) (   )?

남: 저는 중앙 식당에서 점심을 먹어요.

여: 중앙 식당은 어디에 있어요?

남: 중앙 식당은 학교 (   )에 있어요. 그래서 조금 (   ).

여: 그 식당은 어때요?

남: 그 식당은 작아요. 그렇지만 음식이 맛있고 (   ) (   ).
그래서 점심시간에는 사람이 많아요.
그렇지만 많이 (   ) (   ). 값은 조금 비싸요.

9과 7시에 일어나요

1. 몇 시에 무엇을 해요? 〈보기〉와 같이 쓰십시오.

보기

6 : 00

저는 오전 여섯시에 일어납니다.

1)

7 : 30

______________________.

2)

8 : 40

______________________.

3)

1 : 10

______________________.

4)

3 : 20

______________________.

5)

4 : 00

______________________.

6)

11 : 50

______________________.

2. 그림을 보고 '부터', '까지'를 사용해서 질문에 대답하십시오.

1)

월요일~금요일

가: 매일 한국어 수업이 있어요?

나: ______________________.

2)

7월 1일~7월 31일

가: 여기에 언제부터 언제까지 있어요?

나: ______________________.

3)

8월 1일~8월 20일

가: 수영을 언제 배웠어요?

나: ______________________.

4)

오전 7시~오전 8시 30분

가: 매일 아침에 운동해요?

나: 네, ______________________.

5)

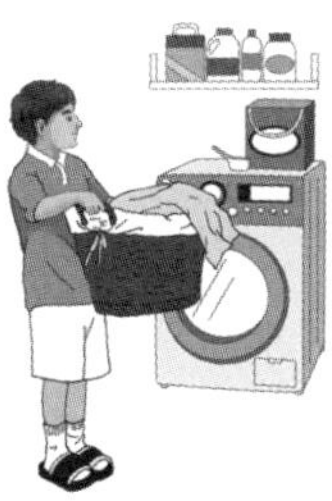

오후 3시~3시 50분

가: 몇 시부터 몇 시까지 빨래해요?

나: ______________________.

3. 〈보기〉와 같이 ________에 문장을 쓰십시오.

보기

배가 아픕니다. 그래서 약을 먹습니다.

1) 오늘은 아침 8시 55분에 일어났습니다. 그래서 ____________________.

2) 내일 시험을 봅니다. 그래서 ____________________.

3) 백화점에서 세일을 합니다. 그래서 ____________________.

4) 오늘은 수진 씨의 생일입니다. 그래서 ____________________.

5) 동대문 시장은 옷이 싸고 예쁩니다. 그래서 ____________________.

6) ____________________. 그래서 숙제를 안 했습니다.

7) ____________________. 그래서 한국어를 배웁니다.

8) ____________________. 그래서 김치를 먹지 않습니다.

9) ____________________. 그래서 술을 마셨습니다.

10) ____________________. 그래서 옷을 많이 입습니다.

4. ________에 맞는 조사를 쓰십시오.

보기
에게 에게서 한테 한테서 에 께

1) 오늘은 제 생일이에요. 그래서 친구들________ 생일 카드와 선물을 받았어요. 기분이 아주 좋았어요. 친구들과 같이 저녁 식사를 했어요.

부모님________ 생일 카드가 왔어요. 그래서 부모님________ 전화를 했어요. 오늘은 정말 기분이 좋아요.

2) 오늘 숙제를 몰라요. 그래서 필립 씨________ 전화를 했어요. 필립 씨도 숙제를 몰라요. 그래서 다시 학교________ 전화를 했어요. 김 선생님________ 숙제를 물었어요.

3) 내일은 왕명 씨의 생일이에요. 지금 왕명 씨는 중국에 있어요. 저는 어제 왕명 씨________ 전화를 했어요. 왕명 씨가 전화를 안 받았어요. 그래서 왕명 씨________ 이메일을 썼어요. 오늘 왕명 씨________ 전화가 왔어요. 저는 왕명 씨________ 말했어요. "왕명 씨, 생일 축하해요!"

지금 저는 우체국에 가요. 왕명 씨________ 선물을 보내겠어요.

다음을 듣고 (　　　　)에 쓰십시오.

01

왕영(여): 재석 씨, 이 영화가 (　　　　　　　　　　　)?

재석(남): 저도 잘 모르겠어요.

왕영(여): 이 영화가 몇 시에 시작해요?

재석(남): (　　　　　) (　　　　　　　)에 시작해요.

왕영(여): 그럼 (　　　) (　　　)에 (　　　　　　　)?

재석(남): 밤 (　　　　　) (　　　　　　　)에 (　　　　　　　).

왕영(여): 그 시간에 지하철이 있어요?

재석(남): 네, (　　　　　) (　　　　　　　　) (　　　　　　　　　) (　　　　　　　).
버스는 (　　　　　) (　　　)까지 있어요.

왕영(여): 지금 몇 시예요?

재석(남): (　　　　　) (　　　　　　　　　　　　　　). 시간이 많이 있어요.

왕영(여): 그러면 (　　　　　) 커피숍에서 (　　　　　) 커피를 마셔요.

재석(남): 좋아요.

02

(　　) (　　　　　　) 필립입니다. 저는 오늘 아침 (　　　　　) (　　　　　　　)에 (　　　　　　　　　　　　　). 빵과 우유를 먹었습니다. (　　　　　　　　　) (　　) (　　　　　　　　　　) 운동을 했습니다. (　　　　　) (　　)에 학교에 (　　　　　　　　). 9시부터 12시 50분까지 학교에서 한국어를 공부했습니다. 그리고 1시 10분에 (　　　　　　) (　　　　) 학교 (　　) 식당에서 점심을 먹었습니다. 2시 30분부터 도서관에서 한국어 숙제를 하고 친구에게 (　　　　　　　　　) (　　　　　　　　).

오늘 (　　　　　　　　　　　　) 이메일을 (　　　　　　　　　). 그래서 (　　　　　　) 아주 좋았습니다. (　　　　　) 4시부터 6시까지 (　　　　　　　　　　　　　　) (　　　　　　　　　). 6시 반에 집에 갔습니다. 집에서 저녁 식사를 했습니다. 9시에 텔레비전을 봤습니다. 뉴스와 드라마를 봤습니다. 한국 드라마가 재미있었습니다. (　　　　　) (　　　　　) 잠을 잤습니다.

10과 어느 계절을 좋아해요?

1. 그림에 맞는 단어를 쓰십시오.

(1) 계절

1) ....

① ....

② ....

2) ....

① ....

② ....

3) ....

① ....

② ....

4) ....

① ....

② ....

(2) 날씨

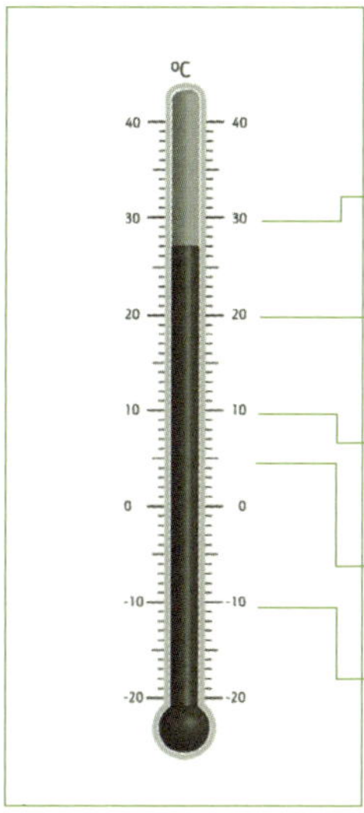

1) ....

2) ....

3) ....

4) ....

5) ....

6) ....

7) ....

8) ....

9) ....

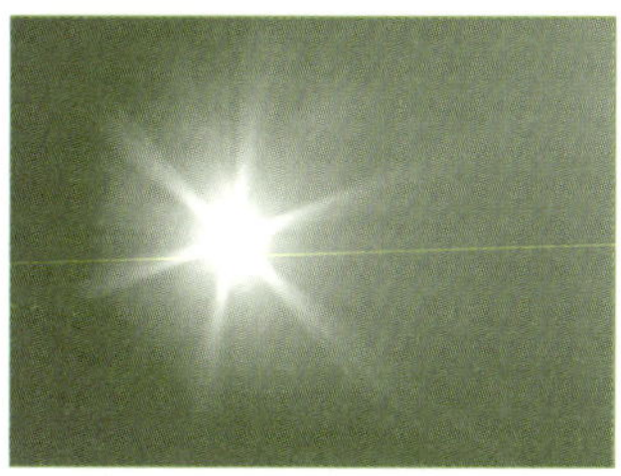

10) ....

11) ....

2. '어느'를 사용해서 ________에 맞는 말을 넣어 대화를 완성하십시오.

1) 가: 영어 수업을 ______________________________?

   나: 영어 수업을 도서관 앞 건물에서 해요.

2) 가: ______________________________?

   나: 저는 베트남에 가요.

3) 가: ______________________________?

   나: 저는 수영을 좋아해요. 그래서 여름을 좋아해요.

4) 가: 지금 ____________________ 한국어를 배워요?

   나: 중앙대학교에서 한국어를 배워요.

5) 가: 도서관이 ______________________________?

   나: 도서관은 학생 식당 왼쪽에 있어요.

3. 〈보기〉에서 맞는 것을 골라 ________에 쓰십시오.

보기						
무엇	어디	몇	언제	누구	누가	어느

1) 가: ________ 한국에 왔어요?

나: 작년에 한국에 왔어요.

2) 가: 저분이 ________예요/이에요?

나: 저분이 한국어 선생님이에요.

3) 가: 어제 ________을/를 했어요?

나: 친구와 같이 명동에서 쇼핑을 했어요.

4) 가: ________에서 친구를 만나요?

나: 학교 정문 앞에서 친구를 만나요.

5) 가: 저분이 ________ 나라 사람이에요?

나: 캐나다 사람이에요.

6) 가: ________번 버스를 타요?

나: 151번 버스를 타요.

7) 가: ________ 전화했어요?

나: 마이클 씨가 전화했어요.

4. 질문에 대답하십시오.

1) 가: 학교생활이 어때요?

나: ________________________________.

2) 가: 어제 날씨가 어땠어요?

나: ________________________________.

3) 가: 요즘 여러분 고향의 날씨가 어때요?

나: ________________________________.

4) 가: 한국어 선생님이 어떻습니까?

나: ________________________________.

5) 가: 한국 음식이 어떻습니까?

나: ________________________________.

5. 〈보기〉와 같이 두 문장을 한 문장으로 연결하십시오.

보기

날씨가 따뜻합니다. / 바람이 붑니다.

➡ <u>날씨가 따뜻하지만 바람이 붑니다</u>.

1) 한국어가 어렵습니다. / 재미있습니다.

➡ ______________________________.

2) 그 휴대폰이 비쌉니다. / 사겠습니다.

➡ ______________________________.

3) 기숙사가 작습니다. / 깨끗합니다.

➡ ______________________________.

4) 마이클 씨는 한국어를 잘합니다. / 일본어를 잘하지 않습니다.

➡ ______________________________.

5) 밥을 많이 먹었습니다. / 배가 고픕니다.

➡ ______________________________.

6) 김치가 맵습니다. / 맛있습니다.

➡ ______________________________.

7) 미호 씨는 일본 사람입니다. / 한국말을 잘합니다.

➡ ______________________________.

6. 빈칸에 쓰십시오.

기본형	-(으)러 가요/와요	기본형	-(으)러 가요/와요
보다		먹다	
만나다		읽다	
사다		찾다	
마시다		받다	
배우다		*듣다	
춤추다		*묻다	
공부하다		*놀다	
운동하다		*만들다	

7. 그림을 보고 '-(으)러'를 사용해서 ________에 쓰십시오.

1)

가: 어디에 가요?

나: 도서관에 가요.

가: 뭐 하러 도서관에 가요?

나: ____________(으)러 도서관에 가요.

2)

가: 어디에 가요?

나: ____________에 가요.

가: 뭐 하러 ____________________?

나: ________________________.

3)

가: 어디에 가요?

나: ________________________.

가: ________________________?

나: ________________________.

4)

가: 어디에 가요?

나: ________________________.

가: ________________________?

나: ________________________.

5)

가: 어디에 가요?

나: ________________________.

가: ________________________?

나: ________________________.

6)

가: 어디에 가요?

나: ______________________________.

가: ______________________________?

나: ______________________________.

7)

가: 어디에 가요?

나: ______________________________.

가: ______________________________?

나: ______________________________.

다음을 듣고 (   )에 쓰십시오.

01

오늘 서울은 흐리고 (   ).
그렇지만 비는 (   ) (   ).
오전에는 3도, 오후에는 11도입니다. 내일은 (   ) (   ).

02

제 친구 유민 씨는 바다를 좋아합니다. 그리고 (   ) 바다를 좋아합니다. 그래서 우리는 바다에 자주 갑니다.

(   ) (   ) 우리는 부산에 갔습니다. 토요일 아침에 부산 날씨가 조금 (   ). 그래서 수영을 하지 않았습니다. 우리는 바다 근처 커피숍에서 커피를 마시고 이야기를 했습니다. 우리는 바닷가를 (   ). 바닷가에 사람들이 많았습니다. 저녁에는 생선회를 먹었습니다. 생선회가 아주 (   ) (   ).

일요일은 날씨가 (   ) (   ). 그래서 우리는 바다에서 (   ) (   ). 바다에서 (   ) (   ) 배도 탔습니다. 일요일 저녁에 우리는 서울에 왔습니다.

(   ) (   ) 조금 (   ) 아주 재미있었습니다.

알기 쉽고 재미있는

중앙 한국어 워크북 1

상

정답지

1과 저는 한국 사람입니다

1. 영국, 독일, 러시아, 중국, 한국, 일본, 호주, 베트남, 인도, 이탈리아, 프랑스, 미국

2. 1) 일본 사람입니까?, 네, 일본 사람입니다
   2) 영국 사람입니까?, 네, 영국 사람입니다
   3) 프랑스 사람입니까?, 네, 프랑스 사람입니다
   4) 중국 사람입니까?, 네, 중국 사람입니다
   5) 인도 사람입니까?, 네, 인도 사람입니다

3. 1) 선생님 2) 회사원 3) 의사 4) 영화배우
   5) 가수 6) 요리사 7) 학생

4. 1) 마이클은 미국 사람입니다
   2) 안나는 러시아 사람입니다
   3) 미호는 일본 사람입니다
   4) 선생님은 한국 사람입니다
   5) 하이디는 학생입니다
   6) 제인은 기자입니다
   7) 필립은 요리사입니다

5. 1) 아니요, 학생이 아닙니다. 회사원입니다
   2) 아니요, 선생님이 아닙니다. 학생입니다
   3) 아니요, 의사가 아닙니다. 간호사입니다
   4) 아니요, 기자가 아닙니다. 군인입니다
   5) 아니요, 경찰이 아닙니다. 요리사입니다
   6) 아니요, 일본 사람이 아닙니다. 이탈리아 사람입니다
   7) 아니요, 영국 사람이 아닙니다. 호주 사람입니다

6. 1) 중국 사람입니다
   2) 회사원입니다
   3) 아니요, 영국 사람이 아닙니다, 베트남 사람입니다
   4) 네, 학생입니다
   5) 아니요, 의사가 아닙니다, 기자입니다

2과 이것은 무엇입니까?

1. 책, 컴퓨터, 휴대 전화 / 휴대폰, 펜, 시계
   연필, 지우개, 사전, 텔레비전, 지갑
   칠판, 지도, 가방, 책상, 의자
   휴지, 공책, 학생증, 모자, 안경
   우산, 자동차, 자전거, 여권, 우유
   선물, 개, 강아지, 고양이

2. 1) 책상입니다
   2) 지도입니다
   3) 시계입니다
   4) 네, 휴대폰입니다
   5) 네, 지우개입니다
   6) 책상이 아닙니다, 칠판입니다
   7) 의자가 아닙니다, 가방입니다
   8) 지갑이 아닙니다, 휴지입니다
   9) 안경이 아닙니다, 모자입니다
   10) 컴퓨터가 아닙니다, 텔레비전입니다

3. 1) 이것은, 이것은
   2) 이것은, 그것은 지도입니다
   3) 저것은, 저것은 책입니다.
   4) 저것은, 네, 저것은 칠판입니다
   5) 그것은, 이것은 모자가 아닙니다, 가방입니다
   6) 이 사람은
   7) 저분은

4. 1) 선생님의 안경입니다
   2) 마이클 씨의 지갑입니다
   3) 미호 씨의 모자입니다
   4) 아니요, 마이클 씨의 개가 아닙니다, 제니 씨의 개입니다
   5) 아니요, 미호 씨의 가방이 아닙니다, 카일 씨의 가방입니다
   6) 에릭 씨의 친구입니다
   7) 아니요, 에릭 씨의 여자 친구가 아닙니다, 민수 씨의 여자 친구입니다

5.

1) 가: 시계가 있습니까?
나: 아니요, 시계가 없습니다.
가: 연필이 있습니까?
나: 네, 연필이 있습니다.

2) 가: 우유가 있습니까?
나: 아니요, 우유가 없습니다.
가: 주스가 있습니까?
나: 네, 주스가 있습니다.

3) 가: 김밥이 있습니까?
나: 아니요, 김밥이 없습니다.
가: 라면이 있습니까?
나: 네, 라면이 있습니다.

4) 가: 잡지가 있습니까?
나: 아니요, 잡지가 없습니다.
가: 신문이 있습니까?
나: 네, 신문이 있습니다.

5) 가: 왕명 씨가 있습니까?
나: 아니요, 왕명 씨가 없습니다.
가: 필립 씨가 있습니까?
나: 네, 필립 씨가 있습니다.

6. 의, 입니다, 가 아닙니다, 우산, 휴지, 휴지, 우산

7. 1) 의
2) 제인 씨는 연필이 있습니다.
3) 아니요, 유민 씨는 연필이 없습니다.
4) 필립 씨의 모자입니다.

8. 1) 이 사람은 제 친구입니다.
2) 저것은 누구의 사전입니까?
3) 이분은 한국어 선생님입니다.
4) 그것은 어머니의 모자입니다.
5) 아버지의 직업은 의사입니다.
6) 제 이름은 이수진입니다.
7) 우리 어머니는 회사원이 아닙니다.
8) 미국 친구의 이름은 마이클입니다.
9) 제 친구는 대학생입니다.
10) 김민수 씨는 휴대폰이 있습니다.

3과 교실은 도서관 옆에 있습니다

1. 교실, 기숙사, 도서관, 식당
서점, 은행, 우체국, 백화점
영화관 / 극장, 커피숍, 약국, 공원
병원, 슈퍼마켓, 집, 학교

2. 1) 이 2) 가 3) 이 4) 가 5) 이 6) 이 7) 가

3. 1) 교실에 학생이 있습니다
2) 도서관에 왕명 씨가 있습니다
3) 마이클 씨가 은행에 있습니다
4) 니콜 씨가 영화관 / 극장에 있습니다
5) 없습니다, 백화점에 있습니다
6) 민수 씨가 학교에 없습니다, 병원에 있습니다
7) 다나카 씨가 약국에 있습니다
8) 안나 씨가 공원에 있습니다

4. 1) 의자가 책상 앞에 있습니다
2) 가방이 컴퓨터 왼쪽에 있습니다
3) 지갑이 책상 밑에 / 아래에 있습니다
4) 자동차가 병원 오른쪽에 있습니다
5) 아니요, 수진 씨가 교실 안에 있습니다
6) 커피숍이 우체국 앞에 있습니다, 아니요, 우체국 오른쪽에 약국이 있습니다
7) 커피숍이 백화점 건너편에 있습니다, 약국은 영화관 / 극장하고 병원 사이에 있습니다

5. 1) 교실에 선생님하고 학생이 있습니다
2) 도서관에 책하고 책상이 있습니다
3) 가방에 지갑하고 공책이 있습니다
4) 커피숍에 커피하고 주스가 있습니다
5) 식당에 앤디 씨하고 수진 씨가 있습니다

6. 1) 치마가 침대 위에 있습니다
2) 책상 위에 컴퓨터하고 책하고 연필하고 커피가 있습니다
3) 가방이 책상 밑에/아래에 있습니다
4) 아니요, 개가 방 밖에 있습니다
5) 휴지가 의자 위에 있습니다
6) 아니요, 빵이 냉장고 밖에 있습니다
7) 냉장고 위에 지도가 있습니다

4과 도서관에서 책을 읽습니다

1. 1) 청소하다 2) 쇼핑하다 3) 자다 4) 듣다
5) 주다 6) 산책하다 7) 만나다

2. 체육관, 운동장, 회사
박물관, 공항, 대사관
문구점, 시장, 정류장
편의점, 옷가게, 미용실

3.

동사	-ㅂ니다 / -습니다	-ㅂ니까? / -습니까?	동사	-ㅂ니다 / -습니다	-ㅂ니까? / -습니까?
가다	갑니다	갑니까?	먹다	먹습니다	먹습니까?
오다	옵니다	옵니까?	읽다	읽습니다	읽습니까?
보다	봅니다	봅니까?	받다	받습니다	받습니까?
만나다	만납니다	만납니까?	듣다	듣습니다	듣습니까?
자다	잡니다	잡니까?	공부하다	공부합니다	공부합니까?
사다	삽니다	삽니까?	숙제하다	숙제합니다	숙제합니까?
타다	탑니다	탑니까?	운동하다	운동합니다	운동합니까?
마시다	마십니다	마십니까?	일하다	일합니다	일합니까?
가르치다	가르칩니다	가르칩니까?	산책하다	산책합니다	산책합니까?
기다리다	기다립니다	기다립니까?	쇼핑하다	쇼핑합니다	쇼핑합니까?
다니다	다닙니다	다닙니까?	노래하다	노래합니다	노래합니까?
주다	줍니다	줍니까?	좋아하다	좋아합니다	좋아합니까?
배우다	배웁니다	배웁니까?	요리하다	요리합니다	요리합니까?
춤추다	춤춥니다	춤춥니까?	청소하다	청소합니다	청소합니까?
쓰다	씁니다	씁니까?	말하다	말합니다	말합니까?
자르다	자릅니다	자릅니까?	*팔다	팝니다	팝니까?

4. 1) 을 2) 를 3) 를 4) 을 5) 을 6) 를 7) 을

5. 1) 노래를 합니다
2) 무엇을 봅니까? 텔레비전을 봅니다
3) 무엇을 읽습니까? 책을 읽습니다
4) 무엇을 먹습니까? 빵을 먹습니다
5) 무엇을 마십니까? 주스를 마십니다
6) 무엇을 합니까? 운동합니다
7) 무엇을 배웁니까? 한국어를 배웁니다

6. 1) 에 2) 에서 3) 에 4) 에 5)에서 6) 에서 7) 에서

7. 1) 교실에서 공부를 합니다 / 교실에서 책을 읽습니다
2) 집에서 밥을 먹습니다 / 집에서 숙제를 합니다
3) 편의점에서 빵을 삽니다 / 편의점에서 라면을 먹습니다
4) 영화관에서 영화를 봅니다 / 영화관에서 팝콘을 먹습니다
5) 운동장에서 축구를 합니다 / 운동장에서 농구를 합니다

8. 1) 에 2) 에서 3) 를 4) 에 5) 에서 6) 에 7) 에 8) 에서 9) 를

9. 1) 커피숍이 어디에 있습니까?
2) 커피숍에서 친구를 만납니다.
3) 커피숍이 학교 앞에 있습니다.
4) 왕명 씨가 어디에 갑니까?
5) 도서관에서 책을 읽습니다.
6) 미호 씨가 백화점에서 가방을 삽니다.
7) 어디에서 한국어를 배웁니까?
8) 여기에서 친구를 기다립니다.

5과 아버지는 회사원입니다

1. 1) 할아버지, 할머니, 외할아버지, 외할머니, 아버지, 어머니
   형 / 오빠, 누나 / 언니, 남동생, 여동생
   2) 아내, 딸, 아들
   3) 남편, 딸, 아들

2. 크다, 작다, 키가 크다, 키가 작다
   많다, 적다, 길다, 짧다
   싸다, 비싸다, 깨끗하다, 더럽다
   날씬하다, 뚱뚱하다, 좋다, 나쁘다
   재미있다, 재미없다, 맛있다, 맛없다
   편하다, 불편하다, 예쁘다, 친절하다

3. 1) 과
   2) 학교에서 영어와 한국어를 배웁니다
   3) 교실에 민수 씨와 제인 씨가 있습니다
   4) 문구점에서 연필과 지우개를 삽니다
   5) 우유와 커피를 마십니다
   6) 책과 휴대폰이 있습니다
   7) 영화관 / 극장과 공원에 갑니다

4. 1) 도
   2) 도
   3) 도 키가 큽니다
   4) 모자도 있습니다
   5) 제니 씨도 춤을 춥니다
   6) 쌉니다, 신발도 쌉니다
   7) 컴퓨터가 있습니다, 텔레비전도 있습니다

5. 1) 는, 는, 에, 에서, 와, 는
   2) 의, 에서, 가, 를, 도
   3) 의, 는, 의, 는, 에서, 와, 에서
   4) 의, 는, 의, 와, 를
   5) 가, 는, 의, 에, 에

6.

기본형	-(스)ㅂ니다	-지 않습니다
크다	큽니다	크지 않습니다
작다	작습니다	작지 않습니다
많다	많습니다	많지 않습니다
적다	적습니다	적지 않습니다
*길다	깁니다	길지 않습니다
짧다	짧습니다	짧지 않습니다
싸다	쌉니다	싸지 않습니다
비싸다	비쌉니다	비싸지 않습니다
깨끗하다	깨끗합니다	깨끗하지 않습니다
더럽다	더럽습니다	더럽지 않습니다
날씬하다	날씬합니다	날씬하지 않습니다
뚱뚱하다	뚱뚱합니다	뚱뚱하지 않습니다
좋다	좋습니다	좋지 않습니다
나쁘다	나쁩니다	나쁘지 않습니다
재미있다	재미있습니다	재미있지 않습니다
재미없다	재미없습니다	재미없지 않습니다
맛있다	맛있습니다	맛있지 않습니다
맛없다	맛없습니다	맛없지 않습니다
편하다	편합니다	편하지 않습니다
불편하다	불편합니다	불편하지 않습니다
예쁘다	예쁩니다	예쁘지 않습니다
친절하다	친절합니다	친절하지 않습니다

7. 1) 운동하지 않습니다, 요리합니다
2) 봅니까, 영화를 보지 않습니다, 신문을 읽습니다
3) 공부하지 않습니다, 잠을 잡니다
4) 가르칩니까, 가르치지 않습니다, 배웁니다
5) 팝니까, 팔지 않습니다, 삽니다

8. 1) 많지 않습니다, 적습니다
2) 편하지 않습니다, 불편합니다
3) 뚱뚱하지 않습니다, 날씬합니다
4) 길지 않습니다, 짧습니다
5) 더럽지 않습니다, 깨끗합니다

9. 1) 아버지는 회사에 다니지 않습니다
2) 학교에서 컴퓨터와 피아노를 배웁니다
3) 형의 여자 친구는 키가 큽니다
4) 언니와 오빠는 부산에서 삽니다
5) 왕명 씨는 학생입니다, 다나카 씨도 학생입니다

6과 이거 얼마예요?

1.

기본형	-아/어요	기본형	-아/어요
가다	가요	말하다	말해요
사다	사요	쇼핑하다	쇼핑해요
자다	자요	운동하다	운동해요
타다	타요	숙제하다	숙제해요
만나다	만나요	청소하다	청소해요
오다	와요	좋아하다	좋아해요
보다	봐요	이야기하다	이야기해요
살다	살아요	노래하다	노래해요
팔다	팔아요	비싸다	비싸요
먹다	먹어요	좋다	좋아요
읽다	읽어요	많다	많아요
주다	줘요	작다	작아요
배우다	배워요	재미있다	재미있어요
춤추다	춤춰요	재미없다	재미없어요
마시다	마셔요	길다	길어요
가르치다	가르쳐요	*바쁘다	바빠요
기다리다	기다려요	*예쁘다	예뻐요
다니다	다녀요	*쓰다	써요
*듣다	들어요	*크다	커요
일하다	일해요	날씬하다	날씬해요
공부하다	공부해요	친절하다	친절해요
학생이다	학생이에요	가수이다	가수예요

2. 1) 영화관에서 영화를 봐요
2) 제 여자 친구는 예뻐요
3) 저는 운동을 좋아해요
4) 아침에 빵과 우유를 먹어요
5) 정류장에서 버스를 기다려요
6) 저는 한국 노래를 들어요
7) 저는 학교 근처에 살아요
8) 저는 키가 크지 않아요
9) 저는 베트남 사람이에요
10) 저는 가수가 아니에요

3.

기본형	-(스)ㅂ니다	-지 않아요	-아/어요
크다	큽니다	크지 않아요	커요
쓰다	씁니다	쓰지 않아요	써요
바쁘다	바쁩니다	바쁘지 않아요	바빠요
나쁘다	나쁩니다	나쁘지 않아요	나빠요
기쁘다	기쁩니다	기쁘지 않아요	기뻐요
예쁘다	예쁩니다	예쁘지 않아요	예뻐요
아프다	아픕니다	아프지 않아요	아파요
고프다	고픕니다	고프지 않아요	고파요
슬프다	슬픕니다	슬프지 않아요	슬퍼요

4. 1) 슬퍼요 2) 커요 3) 예뻐요 4) 써요 5) 바빠요

5.

0 (영)	11 (십일)	18,000 (만 팔천)
1 (일)	20 (이십)	22,000 (이만 이천)
2 (이)	30 (삼십)	26,000 (이만 육천)
3 (삼)	40 (사십)	60,000 (육만)
4 (사)	50 (오십)	90,000 (구만)
5 (오)	60 (육십)	100,000 (십만)
6 (육)	100 (백)	110,000 (십일만)
7 (칠)	300 (삼백)	400,000 (사십만)
8 (팔)	1,000 (천)	1,000,000 (백만)
9 (구)	2,500 (이천오백)	1,650,000 (백육십오만)
10 (십)	10,000 (만)	3,000,000 (삼백만)

6. 1) 오백이십삼 번 버스를 타요
2) 백화점에 화장실이 육 층에 있어요
3) 공일공 오팔이삼의 사구육칠이에요
4) 지하철 구 호선을 타요
5) 백이십칠 쪽을 공부해요

7. 1) 얼마예요
2) 교실이 몇 층이에요
3) 지하철 몇 호선을 타요
4) 제니 씨 전화번호가 몇 번이에요
5) 몇 번 버스를 타요

8. 1) 이만육천 원이에요　2) 육백 원이에요　3) 백오십구만 원이에요
4) 사십팔만 원이에요　5) 만 이천 원이에요

9. 1) 중앙대학교 전화번호가 팔이공의 육사구공이에요
2) 나는 지금 배가 고파요
3) 교실이 몇 층에 있어요
4) 명동에 사람과 자동차가 많아요
5) 저는 선생님이 아니에요, 학생이에요

7과 영화를 보고 운동했어요

1. (1) 1) 오늘이 4월 9일이에요
2) 모레가 수요일이에요
3) 다음 주 화요일이 4월 17일이에요
4) 4월 14일에 박물관에 가요
5) 한국어 시험이 4월 23일이에요

(2) 1) 어제가 몇 월 며칠이에요
2) 무슨 요일에 운동해요
3) 언제 영화를 봐요
4) 언제 쇼핑해요
5) 언제 여행을 가요

2.

동사	-았/었어요	동사	-았/었어요
가다	갔어요	배우다	배웠어요
사다	샀어요	운동하다	운동했어요
자다	잤어요	공부하다	공부했어요
만나다	만났어요	일하다	일했어요
보다	봤어요	좋아하다	좋아했어요
오다	왔어요	*듣다	들었어요
살다	살았어요	*걷다	걸었어요
길다	길었어요	*묻다	물었어요
주다	줬어요	*쓰다	썼어요
먹다	먹었어요	*크다	컸어요
읽다	읽었어요	*바쁘다	바빴어요
받다	받았어요	*예쁘다	예뻤어요
마시다	마셨어요	의사이다	의사였어요
가르치다	가르쳤어요	학생이다	학생이었어요

3. 2) 어제 도서관에 갔습니다
3) 어제 영화를 봤습니다
4) 어제 빵을 먹었습니다
5) 어제 우유를 마셨습니다
6) 어제 편지를 썼습니다
7) 어제 음악을 들었습니다
8) 어제는 4월 19일이었습니다
9) 어제는 월요일이었습니다
10) 저는 작년에 의사였습니다

4. 1) 민수 씨는 그제 청소를 했습니다
2) 유민 씨는 지난 주말에 쇼핑했습니다
3) 마리 씨는 지난주 화요일에 커피숍에서 친구를 만났습니다
4) 피터 씨는 어제 영어를 가르쳤습니다
5) 카일 씨는 지난주 일요일에 음악을 들었습니다
6) 준호 씨는 지난달에 프랑스에 갔습니다
7) 다나카 씨는 지난주 금요일에 텔레비전을 봤습니다
8) 영미 씨는 작년 2월에 아르바이트를 했습니다
9) 리사 씨는 지난 6월에 한국에 왔습니다
10) 마이클 씨는 작년 10월에 결혼했어요

5. 1) 준수 씨는 신문을 읽고 수연 씨는 음악을 들어요
2) 아내는 텔레비전을 보고 남편은 빨래를 했어요
3) 책을 읽고 텔레비전을 봐요
4) 커피숍에서 친구를 만나고 운동을 했어요
5) 선호 씨는 지난주 토요일에 친구와 밥을 먹고 학교에 갔어요
6) 백화점에서 쇼핑하고 영화를 봤어요
7) 예쁘고 날씬해요
8) 운동화가 싸고 편해요
9) 요코 씨는 일본 사람이고 세실 씨는 프랑스 사람이에요
10) 수지 씨는 가수고 지용 씨는 영화배우예요

8과 저는 비빔밥을 먹겠어요

1. 어렵다, 쉽다, 가볍다, 무겁다
   높다, 낮다, 멀다, 가깝다
   두껍다, 얇다, 같다, 다르다
   넓다, 좁다, 뜨겁다, 차갑다, 귀엽다

2. 달다, 시다, 맵다, 싱겁다, 쓰다, 짜다

3.

기본형	-(스)ㅂ니다	-아/어요	-았/었어요	기본형	-(스)ㅂ니다	-아/어요	-았/었어요
맵다	맵습니다	매워요	매웠어요	덥다	덥습니다	더워요	더웠어요
싱겁다	싱겁습니다	싱거워요	싱거웠어요	춥다	춥습니다	추워요	추웠어요
뜨겁다	뜨겁습니다	뜨거워요	뜨거웠어요	쉽다	쉽습니다	쉬워요	쉬웠어요
차갑다	차갑습니다	차가워요	차가웠어요	어렵다	어렵습니다	어려워요	어려웠어요
무겁다	무겁습니다	무거워요	무거웠어요	귀엽다	귀엽습니다	귀여워요	귀여웠어요
가볍다	가볍습니다	가벼워요	가벼웠어요	더럽다	더럽습니다	더러워요	더러웠어요
가깝다	가깝습니다	가까워요	가까웠어요	두껍다	두껍습니다	두꺼워요	두꺼웠어요
입다	입습니다	입어요	입었어요	좁다	좁습니다	좁아요	좁았어요
잡다	잡습니다	잡아요	잡았어요	얇다	얇습니다	얇아요	얇았어요

1) 가벼워요, 무거워요
2) 매워요, 맵, 싱거워요.
3) 더워요, 차가워요
4) 추워요, 입어요
5) 두꺼워요, 얇아요

4. 2) 텔레비전을 안 봐요, 영화를 봐요
3) 한국어를 안 배워요, 한국어를 가르쳐요
4) 편지를 안 읽어요, 편지를 써요
5) 밥을 안 먹어요, 주스를 마셔요
6) 친구를 안 만나요, 공부를 해요
7) 가방을 안 사요, 그림을 그려요
8) 요리 안 해요, 식사해요
9) 노래 안 해요, 춤을 춰요
10) 공부 안 해요, 일해요

5. 0 (영, 공)

1 (하나)	11 (열하나)	21 (스물하나)
2 (둘)	12 (열둘)	22 (스물둘)
3 (셋)	13 (열셋)	30 (서른)
4 (넷)	14 (열넷)	40 (마흔)
5 (다섯)	15 (열다섯)	50 (쉰)
6 (여섯)	16 (열여섯)	60 (예순)
7 (일곱)	17 (열일곱)	70 (일흔)
8 (여덟)	18 (열여덟)	80 (여든)
9 (아홉)	19 (열아홉)	90 (아흔)
10 (열)	20 (스물)	100 (백)

6. 1) 권 2) 네 잔 3) 한 마리 4) 여섯 그릇 5) 스물한 살
6) 두 대 7) 열 병 8) 일곱 장 9) 열아홉 명 10) 여덟 개

7. 1) 여행을 하겠습니다, 아르바이트를 하겠습니다, 다이어트를 하겠습니다
2) 영화를 보겠습니다, 커피를 마시겠습니다, 꽃을 선물하겠습니다
3) 차를 사겠습니다, 집을 사겠습니다
여자 친구/남자 친구에게 선물을 많이 주겠습니다

9과 7시에 일어나요

1. 1) 저는 오전 7시 반에 일어납니다
   2) 저는 오전 8시 40분에 학교에 갑니다
   3) 저는 오후 1시 10분에 점심을 먹습니다
   4) 저는 오후 3시 20분에 숙제를 합니다
   5) 저는 오후 4시에 텔레비전을 봅니다
   6) 저는 오후 11시 50분에 잠을 잡니다

2. 1) 아니요, 월요일부터 금요일까지 한국어 수업이 있어요
   2) 7월 1일부터 7월 31일까지 있어요
   3) 8월 1일부터 8월 20일까지 배웠어요
   4) 오전 7시부터 오전 8시 30분까지 운동해요
   5) 오후 3시부터 오후 3시 50분까지 빨래해요

3. 1) 학교에 늦었습니다
   2) 열심히 공부를 합니다
   3) 사람들이 많이 갑니다
   4) 선물을 줍니다
   5) 옷을 많이 샀습니다
   6) 어제 바빴습니다
   7) 한국 드라마를/가수를 좋아합니다
   8) 김치가 맵습니다
   9) 여자 친구와 헤어졌습니다
   10) 날씨가 춥습니다

4. 1) 에게서/한테서, 에게서/한테서, 께
   2) 에게/한테, 에, 께
   3) 에게/한테, 에게/한테, 에게서/한테서, 에게/한테, 에게/한테

10과 어느 계절을 좋아해요?

1. (1) 1) 봄
① 꽃이 피다
② 소풍 가다
2) 여름
① 바다에 가다
② 수영하다
3) 가을
① 단풍이 들다
② 독서하다
4) 겨울
① 스키를 타다
② 눈사람을 만들다

(2) 1) 덥다 2) 따뜻하다 3) 선선하다 4) 쌀쌀하다
5) 춥다 6) 시원하다 7) 비가 오다 8) 눈이 오다
9) 바람이 불다 10) 맑다 11) 흐리다

2. 1) 어느 건물에서 해요 2) 방학에 어느 나라에 가요
3) 어느 계절을 좋아해요 4) 어느 대학교에서
5) 어느 쪽에 있어요

3. 1) 언제 2) 누구 3) 무엇을 4) 어디 5) 어느 6) 몇 7) 누가

4. 1) 학교 생활이 좋지만 심심합니다 / 학교 생활이 재미있고 좋습니다
2) 어제 날씨가 맑았지만 쌀쌀했습니다 / 어제 날씨가 흐리고 바람이 불었습니다
3) 고향 날씨가 시원하지만 비가 옵니다 / 고향 날씨가 따뜻하고 맑습니다
4) 한국어 선생님이 친절하지만 재미없습니다 / 한국어 선생님이 친절하고 예쁩니다
5) 한국 음식이 맵지만 맛있습니다 / 한국 음식이 싸고 맛있습니다

5. 1) 한국어가 어렵지만 재미있습니다
2) 그 휴대폰이 비싸지만 사겠습니다
3) 기숙사가 작지만 깨끗합니다
4) 마이클 씨는 한국어를 잘하지만 일본어를 잘하지 않습니다
5) 밥을 많이 먹었지만 배가 고픕니다
6) 김치가 맵지만 맛있습니다
7) 미호 씨는 일본 사람이지만 한국말을 잘합니다

6.

기본형	-(으)러 가요/와요	기본형	-(으)러 가요/와요
보다	보러 가요/와요	먹다	먹으러 가요/와요
만나다	만나러 가요/와요	읽다	읽으러 가요/와요
사다	사러 가요/와요	찾다	찾으러 가요/와요
마시다	마시러 가요/와요	받다	받으러 가요/와요
배우다	배우러 가요/와요	*듣다	들으러 가요/와요
춤추다	춤추러 가요/와요	*묻다	물으러 가요/와요
공부하다	공부하러 가요/와요	*놀다	놀러 가요/와요
운동하다	운동하러 가요/와요	*만들다	만들러 가요/와요

7. 1) 책을 읽으러

2) 백화점, 백화점에 가요, 쇼핑을 하러 백화점에 가요

3) 영화관에 가요, 뭐 하러 영화관에 가요, 영화를 보러 영화관에 가요

4) 체육관에 가요, 뭐 하러 체육관에 가요, 운동을 하러 체육관에 가요

5) 은행에 가요, 뭐 하러 은행에 가요, 돈을 찾으러 은행에 가요

6) 시장에 가요, 뭐 하러 시장에 가요, 생선을 사러 시장에 가요

7) 공항에 가요, 뭐 하러 공항에 가요, 친구를 만나러 공항에 가요

알기 쉽고 재미있는

중앙 한국어 워크북

1 하

차 례

11과 학교 앞에서 버스를 타세요

1. 그림에 맞는 단어를 쓰십시오.

1) 

고속버스

2) 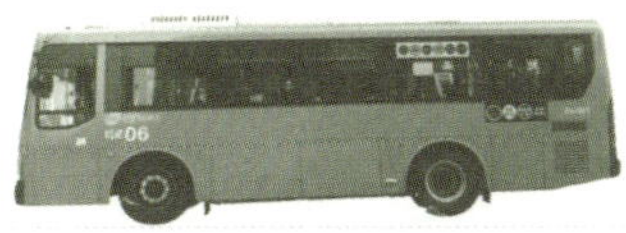

3) 

4) 

5) 

6) 

7) 

8) 

9) 

10) 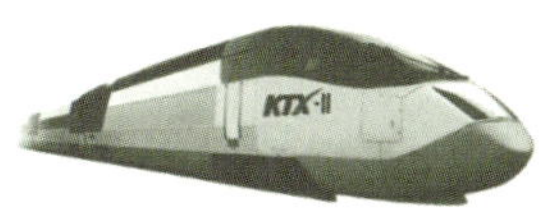

11) 

12) 

13) 

2. [   ] 에 맞는 단어를 쓰십시오.

3. 다음 그림을 보고 문장을 만드십시오.

1)

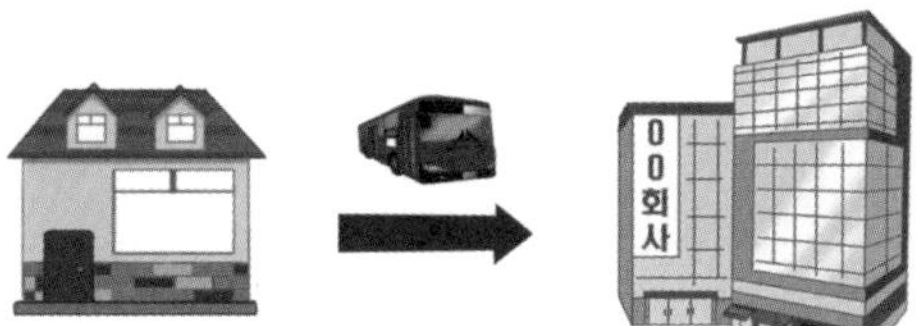

8 : 00　　　　9 : 00

가: 집에서 회사까지 얼마나 걸려요?

나: 집에서 회사까지 ____________________.

2)

4 : 00　　　　4 : 10

가: 학교에서 커피숍까지 얼마나 걸려요?

나: ____________________.

3)

2 : 20　　　　2 : 50

가: ____________________?

나: ____________________.

4)

부산　　　　제주도

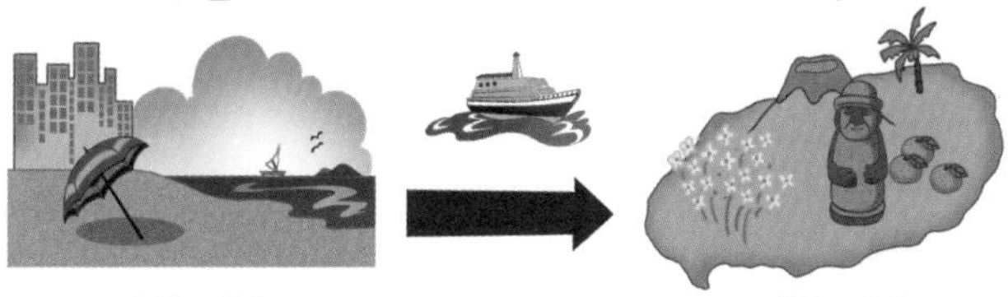

06 : 00　　　　17 : 00

가: ____________________?

나: ____________________.

5)

명동

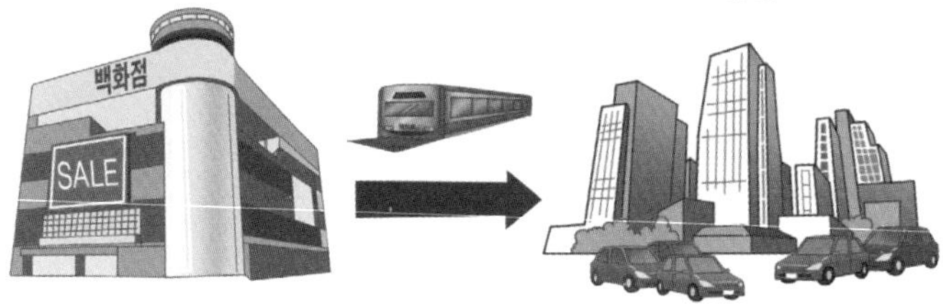

3 : 00　　　　3 : 45

가: ______________________________?

나: ______________________________.

6)

서울　　　　경주

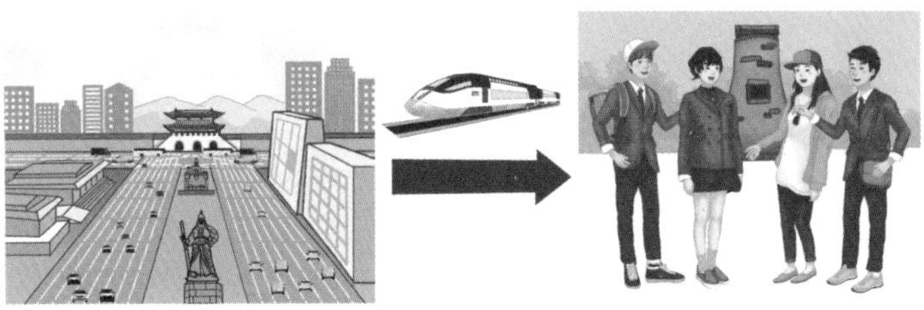

1 : 00　　　　4 : 30

가: ______________________________?

나: ______________________________.

7)

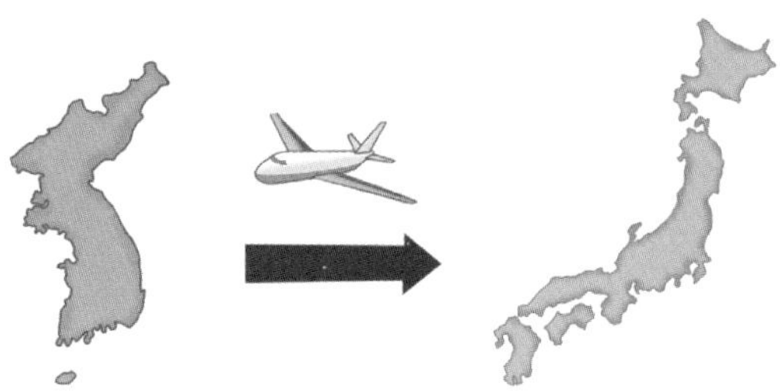

5 : 00　　　　7 : 00

가: ______________________________?

나: ______________________________.

4. 표를 완성하십시오.

기본형	-(으)세요	-지 마세요
가다	가세요	가지 마세요
오다		
만나다		
보다		
기다리다		
읽다		
입다		
주다		
받다		
쉬다		
쓰다		
말하다		
공부하다		
숙제하다		
*듣다		
*열다		
*만들다		
*놀다		
먹다		
마시다		
자다		

5. 다음을 '-(으)세요'를 사용해서 바꾸십시오.

1) 내일 10시까지 학교에 와요.

➡ ________________________________.

2) 녹차를 마셔요.

➡ ________________________________.

3) 일찍 자요.

➡ ________________________________.

4) 비빔밥을 먹어요.

➡ ________________________________.

5) 이름을 세 번 써요.

➡ ________________________________.

6) 여기에서 기다려요.

➡ ________________________________.

7) 문을 열어요.

➡ ________________________________.

8) 한국어 시디(CD)를 들어요.

➡ ________________________________.

9) 공원에서 산책해요.

➡ ________________________________.

10) 칠판을 봐요.

➡ ________________________________.

6. 다음을 '-(으)세요', '-지 마세요'를 사용해서 대답하십시오.

1) 수업 시간에 ______________________________. (한국말을 하다)
______________________________. (영어를 하다)

2) 영화관에서 ______________________________. (전화하다)

3) 저는 샌드위치를 만들겠어요. 수영 씨는 김밥을 ________________. (만들다)

4) 교실에서 ______________________________. (담배를 피우다)

5) 머리가 아파요? 그럼 이 약을 ______________________. (먹다)

6) 날씨가 더워요. 창문을 ______________________________. (열다)

7) 날씨가 추워요. 치마를 ______________________________. (입다)
바지를 ______________________________. (입다)

8) 피곤해요? 그럼 이 커피를 ______________________. (마시다)

9) 길이 많이 막혀요. 버스를 ______________________. (타다)
지하철을 __________________________. (타다)

10) 내일 시험이 있어요. 오늘은 친구와 ______________. (놀다)
시험이 끝나고 친구와 __________________________. (놀다)

7. 빈칸에 맞게 쓰십시오.

기본형	-아/어요	-(스)ㅂ니다	-(으)세요
살다	살아요	삽니다	사세요
만들다			
열다			
놀다			
팔다			
울다			
알다			-
멀다			-
달다			-
힘들다			-

1) 저는 흑석동에 ____________________. (살다)
-(스)ㅂ니다

2) 지금 비가 오고 바람이 ____________________. (불다)
-(스)ㅂ니다

3) 한국 가수를 ____________________. (알다)
-(스)ㅂ니까?

4) 이 케이크는 ____________________. (달다)
-지 않습니다

5) 영화가 슬펐어요. 그래서 많이 ____________________. (울다)
-았/었어요

8. 〈보기〉와 같이 ________에 맞게 쓰십시오.

보기

가: 저 버스는 어디로 가요? (강남)

나: 저 버스는 강남으로 가요.

1) 가: 주영 씨, 지금 어디로 가요? (학교)

나: ______________________________.

2) 가: 4호선이 공항으로 가요? (명동)

나: 아니요, ______________________________.

3) 가: 작년에 어디로 여행을 갔어요? (영국)

나: ______________________________.

4) 가: 이번 주말에 어디로 놀러 가겠어요? (놀이공원)

나: ______________________________.

5) 가: 서점이 어디에 있어요? (왼쪽)

나: 병원 건너편에 있어요. 사거리에서 ______________ 가세요.

6) 가: 은행이 어디에 있어요?

나: 2층에 있어요. ______________ 올라가세요.

7) 가: 민수 씨, 지금 어디예요?

나: 지하 1층 강의실에 있어요. ______________ 내려오세요.

다음을 듣고 (   )에 쓰십시오.

01

1) **여:** 저스틴 씨, 학교에 (   ) (   )?

남: (   ) 와요.

여: 집(   ) 학교(   ) (   ) (   )?

남: 집(   ) 학교(   ) 30분쯤 (   ).

2) **남:** 수진 씨, 오늘 회사에 왜 (   )?

여: 길이 많이 (   ).

남: 버스(   ) 왔어요?

여: 네, 회사(   ) 1시간 걸렸어요.

3) **여:** 마이클 씨, 오늘 왜 부산에 가요?

남: 친구가 결혼해요.

여: 부산에 (   ) 가요? (   )로 가요?

남: 오늘 시간이 없어요. 그래서 (   ) 가요.

여: 서울에서 부산까지 (   ) (   )?

남: (   ) 2시간 반쯤 (   ) (   ) 1시간쯤 (   ).

02

남: 미호 씨, 이 근처에 약국이 있어요?

여: 네, 있어요.

남: 어디에 있어요?

여: 여기에서 ( ) ( ). 여기에서 ( ) 쭉 가세요. 그러면 ( ) 은행이 있어요. 은행 앞에서 ( )를 ( ).

남: ( ) 횡단보도 ( ) 있어요?

여: 아니요, 횡단보도 왼쪽에 편의점이 있어요. 편의점 뒤에 약국이 있어요.

남: 고마워요.

여: 피터 씨는 왜 약국에 가요?

남: 약을 ( ) 가요. 아침( ) 머리가 많이 아파요.

여: 어제 술을 많이 마셨어요?

남: 네, 어제 친구 생일 파티에 갔어요. 거기에서 친구들과 술을 많이 마셨어요.

여: 피터 씨는 술을 너무 좋아해요. 술을 많이 ( ) ( ).

남: 네, 알겠어요. 내일부터 술을 안 ( ).

12과 방학에 고향에 돌아갈 거예요

1. 표를 완성하십시오.

기본형	-(으)ㄹ 거예요	기본형	-(으)ㄹ 거예요
가다	갈 거예요	먹다	
자다		앉다	
오다		찍다	
타다		받다	
보다		닫다	
마시다		*듣다	
가르치다		*걷다	
기다리다		*묻다	
배우다		*열다	
쓰다		*살다	
자르다		*팔다	
공부하다		*눕다	
운동하다		*돕다	

2. 다음은 제인 씨의 달력입니다. 달력을 보고 질문에 대답하십시오.

10월						
일요일	월요일	화요일	수요일	목요일	금요일	토요일
				1	2	3
4	5 〈오늘〉	6 서점	7	8 명동 / 옷	9 병원	10 등산
11 도서관	12	13 영화	14 친구	15	16 미용실	17 낚시
18	19 노래방	20	21	22 사진 / 찍다	23	24
25	26	27	28	29	30	31

1) 내일 뭐 할 거예요?

➡ ______________________________.

2) 10월 8일에 어디에 갈 거예요? 거기에서 무엇을 할 거예요?

➡ ______________________________.

3) 10월 22일이 무슨 요일이에요? 무엇을 할 거예요?

➡ ______________________________.

4) 언제 병원에 갈 거예요?

➡ ______________________________.

5) 언제 친구를 만날 거예요?

➡ ____.

6) 이번 주말에 낚시할 거예요?

➡ ____.

7) 다음 주 화요일에 미용실에 갈 거예요?

➡ ____.

3. 빈칸에 맞게 쓰십시오.

기본형	-(스)ㅂ니다	-아/어요	-았/었어요	-(으)ㄹ 거예요	-(으)세요
듣다					
묻다					
걷다					
닫다					
받다					

1) 가: 밥을 너무 많이 먹었어요.

나: 그래요? 그러면 공원을 좀 ______________. (걷다)

-(으)세요

2) 어제 친구가 나에게 전화번호를 ______________. (묻다)

-았/었어요

3) 한국 노래를 많이 ______________. (듣다)

-아/어요

4) 내일 대사관에 갈 거예요. 비자를 ______________. (받다)

-(으)ㄹ 거예요

5) 일요일이에요. 그래서 옷가게가 문을 ______________. (닫다)

-았/었어요

4. 〈보기〉와 같이 ________에 맞게 동사를 바꾸어 쓰십시오.

보기

가: 내일 수미 씨 집에서 파티를 해요. 같이 가겠어요?

나: 아니요, 저는 그 파티에 가고 싶지 않아요. (가다 ×)

1) 수 진: 왕명 씨는 대학 졸업 후에 무엇을 할 거예요?

왕 명: 저는 미국에 ____________________. (가다)

수 진: 저는 한국 회사에 ____________________. (취직하다)

2) 제 인: 영민 씨는 휴가에 무엇을 하고 싶어요?

영 민: 저는 바다에서 ____________________. (수영하다)

주 영: 저는 집에서 ____________________. (쉬다)

3) 수 미: 10년 후에 무엇을 하고 싶어요?

피 터: 저는 아내와 같이 ____________________. (여행을 하다)

4) 민 수: 토요일에 공원에서 산책할 거예요. 같이 산책하겠어요?

유 민: 저는 ____________________. (산책하다 ×)

영화관에서 영화를 ____________________. (보다)

5) 마 리: 다음 주에 시험이 있어요. 우리 같이 공부해요.

필 립: 나는 ____________________. (공부하다 ×)

친구하고 같이 ____________________. (놀다)

6) 영 미: 라디오를 듣고 싶어요, 텔레비전을 보고 싶어요?

마이클: 나는 음악을 ____________________. (듣다 ×)

텔레비전을 ____________________. (보다)

7) 다나카: 오늘 점심에 라면 어때요?

성 우: 글쎄요. 라면은 ____________________. (먹다 ×) 한식이 어때요?

5. 표를 완성하십시오.

기본형	–(으)ㄴ 후에	–(으)ㄴ 다음에
만나다	만난 후에	만난 다음에
보다		
사다		
마시다		
먹다		
입다		
읽다		
결혼하다		
공부하다		
받다		
*듣다		
*걷다		
*묻다		
*살다		
*열다		
*팔다		
*눕다		
*돕다		

6. '(으)ㄴ 후에'를 사용해서 대답하십시오.

1) 식사한 후에 보통 무엇을 해요?

____.

2) 친구와 같이 영화를 봐요. 영화를 본 후에 보통 무엇을 해요?

____.

3) 운동을 한 후에 무엇을 해요?

____.

4) 오늘 수업이 끝난 후에 무엇을 할 거예요?

____.

5) 대학교를 졸업한 후에 무엇을 할 거예요?

____.

6) 언제 여러분의 나라에 돌아갈 거예요?

____.

7) 언제 결혼할 거예요?

____.

7. '-(이)나'를 사용해서 대답하십시오.

1) 내일 아침에 뭘 먹을 거예요?

____.

2) 커피숍에서 보통 무엇을 마셔요?

____.

3) 50살에 어디에서 살고 싶어요?

____.

4) 부모님 생일에 무엇을 선물해요?

____.

5) 지금 누구를 제일 만나고 싶어요?

____.

6) 여러분 고향에서 1월 1일에 무엇을 먹어요?

____.

7) 가수 누구의 음악을 듣고 싶어요?

____.

다음을 듣고 (　　　　)에 쓰십시오.

01

수미(여): 왕명 씨는 이번 방학에 (　　) (　　) (　　　　　　)?

왕명(남): 저는 외국어를 배우고 싶어요. 그래서 외국어 학원에 (　　　　) (　　　　　　).

수미(여): 무슨 외국어를 배우고 싶어요?

왕명(남): (　　　　　　) (　　　　　　　　　) 배우고 싶어요.

수미(여): 영어나 일본어를 (　　　　　) (　　)에 무엇을 할 거예요?

왕명(남): 저는 (　　　　　　　　) (　　　　　　　　　　) 아르바이트를 하고 싶어요.

수미 씨는 방학에 무엇을 할 거예요?

수미(여): 저는 요리를 (　　　　　　) (　　　　　　).

그래서 요리 학원에 다닐 거예요.

왕명(남): 그래요? 저는 요리를 잘해요. 제가 수미 씨를 (　　　　　　　　　　).

수미(여): 정말요? 고마워요, 왕명 씨.

02

주영(여): 민호 씨, 휴가가 언제예요?

민호(남): (　　　) (　　　　　　　　　　　) (　　　　) (　　　　　　　　)예요.

주영(여): 이번 휴가에 뭐 할 거예요?

민호(남): 일본에 갈 거예요. 친구가 일본 오사카에 있어요.

주영(여): 그래요? 그러면 일본까지 어떻게 (　　) (　　　　　　)?

민호(남): 서울에서 오사카까지 (　　　　　　　　　) (　　) (　　　　　　).

주영(여): 잠은 어디에서 잘 거예요?

민호(남): 친구 집하고 호텔에서 잘 거예요.

주영(여): 그러면 일본에서 뭐 할 거예요?

민호(남): 오사카에서 초밥을 먹고 (　　　　　　) (　　　　) (　　　　　　).

그리고 (　　　　　　　　　) (　　　　　　　) (　　　　　) 친구하고 같이

(　　　　　　) 도쿄에 갈 거예요. 거기에서 디즈니랜드를 구경할 거예요.

주영(여): 나도 도쿄에 (　　　　) (　　　　　). 디즈니랜드와 도쿄 타워를 구경하고 싶어요.

13과 요즘에는 바빠서 거의 안 가요

1. 그림에 맞는 단어를 쓰십시오.

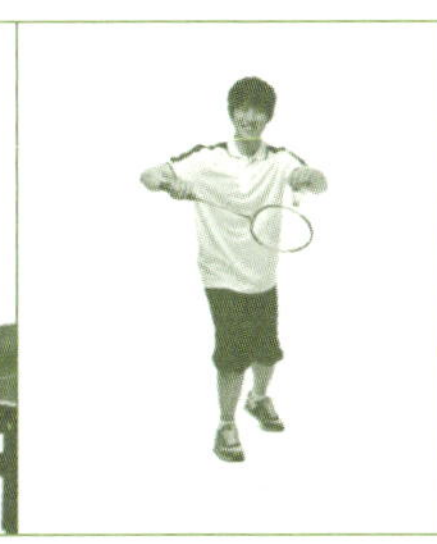

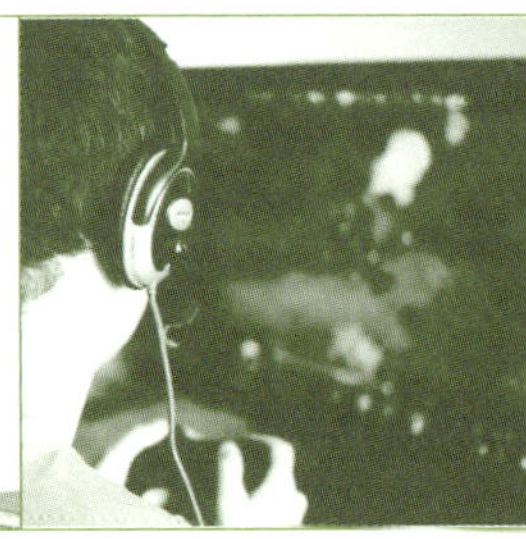

2. '항상, 자주, 가끔, 거의, 전혀'를 사용해서 대답하십시오.

1) 얼마나 자주 커피를 마셔요?

____.

2) 얼마나 자주 한국 드라마를 봐요?

____.

3) 얼마나 자주 운동을 해요?

____.

4) 얼마나 자주 숙제해요?

____.

5) 얼마나 자주 담배를 피워요?

____.

6) 얼마나 자주 식당에 가요?

____.

7) 얼마나 자주 버스를 타요?

____.

3. 다음 질문에 대답하십시오.

1) 오늘이 무슨 요일이에요?

______________________________________.

2) 무슨 운동을 잘해요?

______________________________________.

3) 무슨 요리를 잘 만들어요?

______________________________________.

4) 무슨 영화를 보고 싶어요?

______________________________________.

5) 무슨 과일을 좋아해요?

______________________________________.

6) 요즘 무슨 드라마를 봐요?

______________________________________.

7) 무슨 음료수를 좋아해요?

______________________________________.

4. '중에서/에서'를 사용해서 문장을 만드십시오.

1) 우리 반 학생들 ______________________________.

2) 우리 반 ______________________________.

3) 선생님 ______________________________.

4) 우리 가족 ______________________________.

5) 세계 ______________________________.

6) 한국 영화배우 ______________________________.

7) 우리나라 ______________________________.

5. 표를 완성하십시오.

기본형	-(으)ㄹ 수 있다	-(으)ㄹ 수 없다
가다		
쓰다		
춤추다		
마시다		
배우다		
부르다		
운전하다		
먹다		
읽다		
잡다		
*듣다		
*걷다		
*만들다		
*열다		
*놀다		
*돕다		
*줍다		

6. '-을 수 있다/없다'를 사용해서 대답하십시오.

1) 무슨 운동을 할 수 있어요?

______________________________.

2) 한국에서 운전할 수 있어요?

______________________________.

3) 무슨 음식을 먹을 수 없어요?

______________________________.

4) 여름에 무엇을 할 수 있어요? 무엇을 할 수 없어요?

______________________________.

______________________________.

5) 겨울에 무엇을 할 수 있어요? 무엇을 할 수 없어요?

______________________________.

______________________________.

6) 학교에서 무엇을 할 수 있어요? 무엇을 할 수 없어요?

______________________________.

______________________________.

7) 여러분의 나라에서 무엇을 할 수 있어요? 무엇을 할 수 없어요?

______________________________.

______________________________.

7. 표를 완성하십시오.

기본형	-아/어서 // (이)라서	기본형	-아/어서 // (이)라서
가다		만들다	
만나다		열다	
보다		살다	
*예쁘다		*춥다	
*아프다		*덥다	
먹다		*줍다	
앉다		있다	
닫다		없다	
*걷다		학생이다	
*듣다		의사이다	

8. '-아/어서 // (이)라서'를 사용해서 한 문장으로 만드십시오.

보기

친구가 한국에 옵니다. 공항에 갑니다.

➡ 친구가 한국에 와서 공항에 갑니다.

1) 백화점의 옷이 비쌉니다. 시장에서 옷을 삽니다.

➡ ______________________________.

2) 영화가 슬픕니다. 많이 울었습니다.

➡ ______________________________.

3) 날씨가 춥습니다. 코트를 입었습니다.

➡ ______________________________.

4) 등산을 했습니다. 다리가 아픕니다.

➡ ______________________________.

5) 아침을 안 먹었습니다. 지금 배가 고픕니다.

➡ ______________________________.

6) 친구한테서 선물을 받았습니다. 기분이 좋습니다.

➡ ______________________________.

7) 집에서 학교까지 멉니다. 불편합니다.

➡ ______________________________.

8) 아버지는 요리사입니다. 식당에서 일합니다.

➡ ______________________________.

9) 친구가 한국 사람입니다. 친구와 한국말로 이야기할 수 있습니다.

➡ ______________________________.

10) 지금은 겨울이 아닙니다. 눈이 오지 않습니다.

➡ ______________________________.

다음을 듣고 (　　　　)에 쓰십시오.

01

사장님: 안녕하세요? 어서 오세요. 저는 이 회사의 사장입니다.

왕　명: 안녕하세요? (　　　　) (　　　　　　　　　　).

사장님: 이름이 무엇입니까?

왕　명: 제 이름은 왕명입니다.

사장님: 왕명 씨는 한국에 언제 왔습니까?

왕　명: (　　　　) 8월에 왔습니다.

사장님: 왕명 씨는 한국어를 잘합니까?

왕　명: 네, 저는 한국어를 잘합니다. 중국에서 한국어를 5년 배웠습니다.

사장님: 그러면 왕명 씨는 무엇을 (　　) (　　) (　　　　　　　　)?

왕　명: 저는 일본어와 영어를 (　　　　　　　　).

그리고 컴퓨터도 잘하고 (　　　　　　) (　　　　　　　　).

사장님: 네. 알겠습니다. 왕명 씨는 (　　　　)가 무엇입니까?

왕　명: 제 취미는 (　　　　) (　　　　　　　　　　).

사장님: 그래요? (　　　　) 음악을 많이 듣습니까?

왕　명: (　　　　) 한국 노래를 많이 듣습니다.

사장님: 그러면 한국 노래를 (　　) 부릅니까?

왕　명: 아니요, 노래는 잘 (　　　　) (　　) (　　　　　　　　).

사장님: 네, 알겠습니다. 면접이 끝났습니다.

다음 주 월요일에 전화하겠습니다.

02

필립(남): 유민 씨는 요리를 잘해요?

유민(여): 네, 제 (   )가 요리예요.

필립(남): 그래요? 요리 (   ) (   ) 요리를 잘해요?

유민(여): 한국 요리도 잘하고 중국 요리도 잘해요.

필립(남): 그러면 유민 씨는 집에서 (   ) 요리를 해요?

유민(여): 아니요, (   ) 주말에 친구를 초대하고 친구와 같이 요리를 해요. 요즘은 (   ) (   ) 학생 식당이나 학교 근처 식당에서 (   ) 밥을 먹어요. 필립 씨는 요리 잘해요?

필립(남): 아니요, 잘 못해요. 그리고 한국 요리는 (   ) (   ). 그런데 한국 음식이 (   ) 한국 요리를 배우고 싶어요.

유민(여): 그래요? 그러면 제가 (   ) (   ) (   ).

필립(남): 정말 고마워요.

유민(여): 그러면 오늘 저녁에 같이 요리를 해요.

필립(남): 좋아요. 같이 요리를 (   ) (   ) 음식을 먹어요.

14과 약을 하루에 세 번 드세요

1. 그림에 맞는 단어를 쓰십시오.

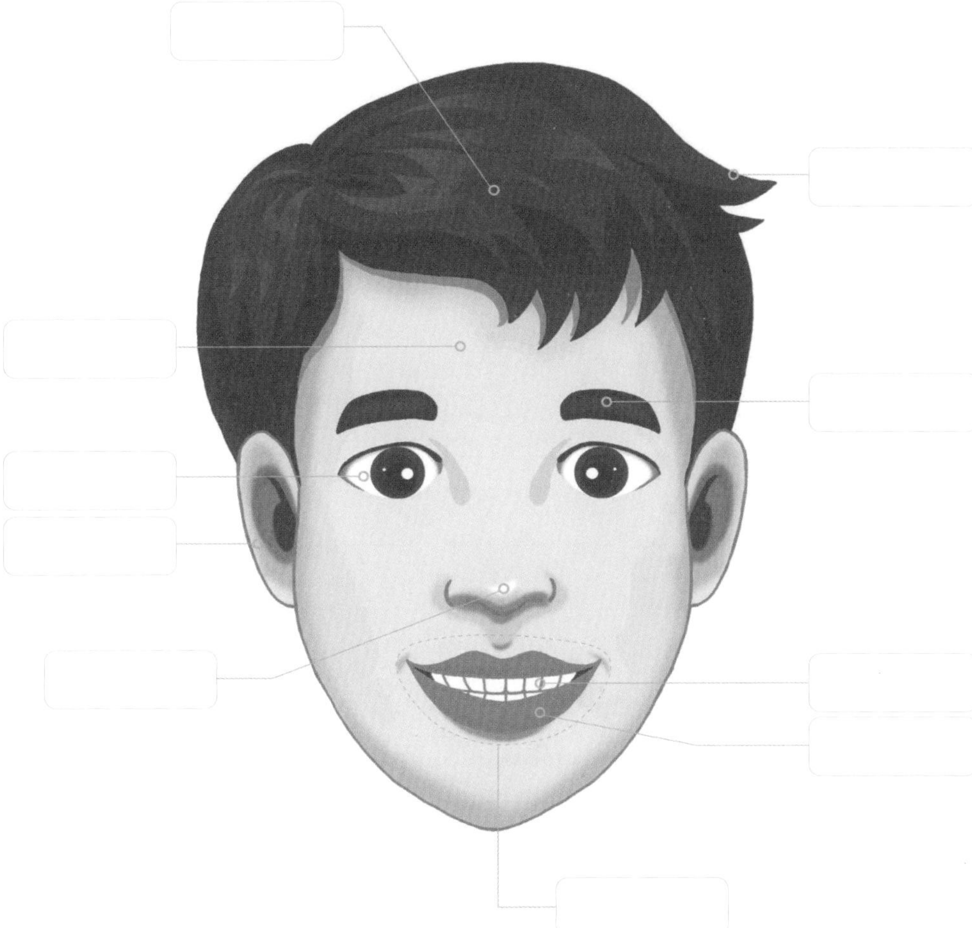

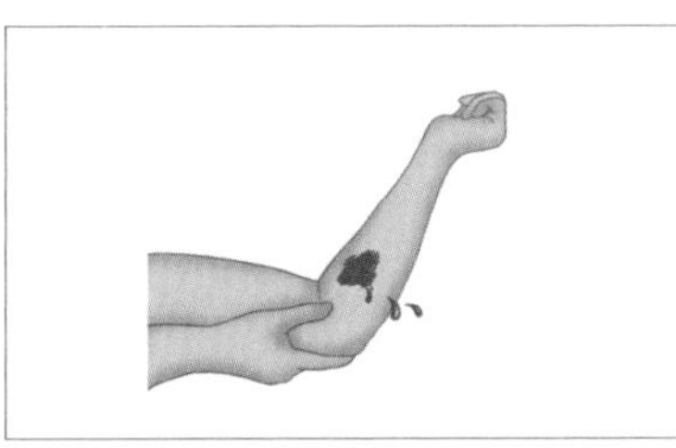

2. 표를 완성하십시오.

기본형	현재		과거
	-(으)십니다	-(으)세요	-(으)셨어요
가다	가십니다	가세요	가셨어요
만나다			
보다			
배우다			
앉다			
기다리다			
바쁘다			
쓰다			
*듣다			
*걷다			
*살다			
*알다			
먹다	(드시다)		
	(잡수시다)		
마시다			
자다			
말하다			
있다	(있으시다)		
	(계시다)		
학생이다			
의사이다			

3. 다음을 높임말로 바꾸십시오.

1) 친구가 아침에 운동해요. ➡ 어머니가 ____________________.

2) 동생은 요즘 바빠요. ➡ 어머니는 ____________________.

3) 오빠는 담배를 안 피워요. ➡ 아버지는 ____________________.

4) 친구는 기자예요. ➡ 아버지는 ____________________.

5) 동생이 책을 읽어요. ➡ 어머니가 ____________________.

6) 동생이 김밥을 만들어요. ➡ 어머니가 ____________________.

7) 친구는 상도동에 살아요. ➡ 선생님은 ____________________.

8) 저는 술을 안 마셔요. ➡ 아버지는 ____________________.

9) 동생이 지금 방에서 자요. ➡ 어머니가 ____________________.

10) 동생이 지금 교실에 없어요. ➡ 어머니가 ____________________.

11) 동생이 음악을 들어요. ➡ 선생님이 ____________________.

12) 오빠가 라면을 먹어요. ➡ 아버지가 ____________________.

13) 언니는 선생님이에요. ➡ 어머니는 ____________________.

14) 형이 동생에게 말해요. ➡ 아버지가 ______________________.

15) 형이 공원에서 걸어요. ➡ 어머니가 ______________________.

16) 어머니가 어제 친구를 ______________________. (만나다)

17) 아버지가 어제 일찍 ______________________. (자다)

18) 어머니는 어제 점심에 불고기를 ______________________. (먹다)

19) 아버지는 10년 전에 ______________________. (경찰이다)

20) 어머니는 작년에 일본에 ______________________. (있다)

21) 아버지는 다음 주에 제주도에 ______________________. (가다)

22) 어머니가 내일 샌드위치를 ______________________. (만들다)

23) 어머니가 내년까지 서울에서 ______________________. (살다)

24) 아버지는 오늘 저녁을 회사 근처에서 ______________________. (먹다)

25) 선생님이 모레 우리에게 ______________________. (말하다)

4. 〈보기〉와 같이 'N 동안'을 사용해서 대답을 쓰십시오.

보기

가: 한국에서 얼마 동안 살았어요? (2년)

나: 이 년 동안 살았어요.

1) 가: 어제 얼마 동안 공부했어요? (4시간)

나: ______________________.

2) 가: 얼마 동안 한국어를 배울 거예요? (6개월)

나: ______________________.

3) 가: 버스를 얼마나 기다렸어요? (1시간)

나: ______________________.

4) 가: 며칠 동안 이 그림을 그렸어요? (이틀)

나: ______________________.

5) 가: 언제 유럽을 여행했어요? (여름 방학)

나: ______________________.

5. 〈보기〉와 같이 '에 N번'을 사용해서 대답을 쓰십시오.

보기

가: 여자 친구에게 전화를 얼마나 자주 합니까?

나: 하루에 두 번 여자 친구에게 전화합니다.

1) 가: 운동을 많이 합니까?

나: ______________________________.

2) 가: 술을 얼마나 자주 드세요?

나: ______________________________.

3) 가: 쇼핑을 얼마나 자주 하세요?

나: ______________________________.

4) 가: 여행을 많이 하세요?

나: ______________________________.

5) 가: 한국 식당에 자주 가세요?

나: ______________________________.

6. 〈보기〉와 같이 'N 마다'를 사용해서 대답을 쓰십시오.

보기

가: 커피를 많이 드세요? (날)

나: 네, 날마다 세 잔 마셔요.

1) 가: 가족들과 전화를 많이 하세요? (밤)

나: 네, ______________________.

2) 가: 언제 데이트를 하세요? (주말)

나: ______________________.

3) 가: 여행을 많이 하세요? (방학)

나: ______________________.

4) 가: 한국의 김치는 맛이 같아요? (집)

나: 아니요, ______________________.

5) 가: 교실에 컴퓨터가 있어요? (교실)

나: ______________________.

다음을 듣고 (   )에 쓰십시오.

01

의 사: 어디가 아파서 오셨어요?

환 자: (   ) (   ) 머리가 아파요.

의 사: 언제부터 (   )?

환 자: 어제 아침부터 아팠어요.

의 사: 기침도 하십니까?

환 자: 네, (   ) (   ).

의 사: (   )도 나십니까?

환 자: 아니요, (   )은 안 나요.

의 사: 감기입니다. 약을 (   ).
하루(   ) 세 (   ) (   ) 푹 쉬세요.

환 자: 네, 알겠습니다. 내일도 다시 와요?

의 사: 아니요, (   ) 다시 오세요.

02

제 인: 피터 씨, (   )이 안 좋아요. (   )?

피 터: 네, 허리가 많이 아파요.

제 인: 무슨 일이 있었어요?

피 터: 지난달에 친구 (   ) (   ).
책이 많이 (   ). 그때부터 허리가 아파요.

제 인: 저도 작년에 허리가 많이 아팠어요.

피 터: 그래요? 지금은 (   )?

제 인: 네, 지금은 아프지 않아요.

피 터: 제인 씨는 (   ) (   )?

제 인: 저는 수영을 했어요. 수영을 (   ) (   ) 허리가 안 아파요.
지금도 (   ) 수영장에 다녀요.

피 터: 그래요? 제인 씨는 (   ) 수영을 해서 건강하고 날씬해요.
저도 내일부터 제인 씨하고 같이 수영을 (   ).

15과 영화를 보러 갈까요?

1. 그림에 맞는 단어를 쓰십시오.

2. 'N 전에'로 대답하십시오.

1) 가: 언제 한국에 왔어요? (3개월)

나: ______________________________.

2) 가: 준수 씨에게 언제 전화했어요? (2시간)

나: ______________________________.

3) 가: 언제 부모님을 만났어요? (일주일)

나: ______________________________.

4) 가: 몇 시까지 대사관에 가요? (5시)

나: __________________ 가세요. 5시에 대사관이 닫아요.

5) 가: 피터 씨가 언제 고향에 돌아갔어요? (1년)

나: ______________________________.

3. '-기 전에'를 사용해서 문장을 쓰십시오.

1) 6 : 00 7 : 00

가: 편지를 썼어요?

나: 네, ____________________

____________________.

2) 9 : 00 10 : 00

가: 숙제를 했어요?

나: 네, ____________________

____________________.

3) 11 : 00 12 : 00

가: __________ 전에 뭐 했어요?

나: ____________________

____________________.

4) 7 : 00 8 : 30

가: ____________________?

나: ____________________

____________________.

5) 5 : 00 5 : 30

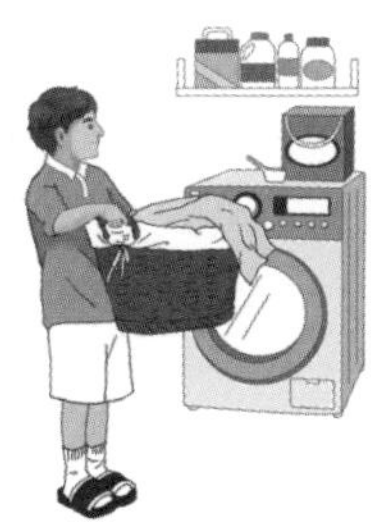

가: ____________________?

나: ____________________

____________________.

4. '-기 전에 // -(으)ㄴ 후에 // -(으)ㄴ 다음에'를 사용해서 쓰십시오.

1) 아침을 먹기 전에 신문을 읽어요.

➡ 신문을 읽은 후에 아침을 먹어요.

2) 친구에게 전화를 한 후에 가세요.

➡ ______________ 전에 ______________.

3) 친구를 만나기 전에 숙제를 했습니다.

➡ ______________ 후에 ______________.

4) 식사를 한 후에 약을 먹을 거예요.

➡ ______________ 전에 ______________.

5) 식사하기 전에 영화표를 샀어요.

➡ ______________ 후에 ______________.

6) 영화를 본 후에 커피를 마셨습니다.

➡ ______________ 전에 ______________.

7) 부모님 선물을 산 후에 고향에 돌아갔습니다.

➡ ______________ 전에 ______________.

5. 표를 완성하십시오.

기본형	-(으)ㄹ까요?	기본형	-(으)ㄹ까요?
가다	갈까요?	춤추다	
만나다		여행하다	
사다		쇼핑하다	
타다		운동하다	
보다		숙제하다	
앉다		일하다	
먹다		노래하다	
읽다		*듣다	
배우다		*걷다	
마시다		*만들다	
기다리다		*살다	

6. '-(으)ㄹ까요?'를 사용해서 ______에 쓰십시오.

1) 가: 주말에 우리 같이 산에 ______________? (가다)

나: 네, 좋아요.

2) 가: 내일 영화를 ______________? (보다)

나: 미안해요, 내일은 시간이 없어요.

3) 가: 무엇을 ______________? (먹다)

나: 삼계탕을 먹어요.

4) 가: 몇 시에 ______________? (만나다)

나: 5시가 어때요?

5) 가: 공원을 ______________? (걷다)

나: 네, 좋아요.

6) 가: 어디에서 ______________? (놀다)

나: 명동에 가요.

7) 가: 같이 음식을 ______________? (만들다)

나: 아니요, 혼자 할 수 있어요.

7. 표를 완성하십시오.

기본형	-(으)ㅂ시다	-지 맙시다	기본형	-(으)ㅂ시다	-지 맙시다
가다			기다리다		
만나다			청소하다		
사다			쇼핑하다		
타다			운동하다		
보다			공부하다		
앉다			*듣다		
먹다			*걷다		
읽다			*만들다		
닫다			*살다		
마시다			*열다		
배우다			자르다		
가르치다			부르다		

8. '-(으)ㅂ시다 // -지 맙시다'를 사용해서 ________에 쓰십시오.

1) 가: 어디에서 점심을 먹을까요?
   나: 학생 식당에서 ______________________________.

2) 가: 영화 보러 극장에 갈까요?
   나: 아니요, 극장에 ______________________________.

3) 가: 지하철을 타고 갈까요?
   나: 택시를 타고 ______________________________.

4) 가: 내일 같이 수영할까요?
   나: 아니요, ______________________________.

5) 가: 제가 청소를 하겠어요.
   나: 아니요, 같이 청소를 ______________________________.

6) 가: 우리 같이 한국 노래를 ______________________________.
   나: 지금 아기가 자요. 나중에 ______________________________.

7) 가: 우리 저녁에 불고기를 ______________________________.
   나: 저는 불고기를 만들고 싶지 않아요.

9. 표를 완성하십시오.

기본형	-(으)니까	-(았/었)으니까	기본형	-(으)니까	-(았/었)으니까
가다	가니까	갔으니까	*걷다		
마시다			*듣다		
사다			많다		
먹다			좋다		
받다			예쁘다		
일하다			바쁘다		
공부하다			깨끗하다		
오다			*춥다		
보다			*덥다		
배우다			*멀다		
*만들다			있다		
*살다			없다		

10. 〈보기〉와 같이 '-(으)니까'를 사용해서 ______에 맞게 쓰십시오.

> **보기**
>
> 가: 내일 수미 씨 집에서 파티를 해요. 같이 가겠어요?
>
> 나: 아니요, 저는 그 파티에 가고 싶지 않아요. (가다 ×)

1) 가: 6시에 지하철역에서 만날까요?

   나: ____________________ 학교 앞에서 만납시다. (복잡하다)

2) 가: 커피를 마실까요?

   나: 날씨가 ____________________ 아이스크림을 먹읍시다. (덥다)

3) 가: 오늘 같이 맥주를 마십시다.

   나: 오늘은 일이 ____________________ 마시지 맙시다. (많다)

4) 가: 학교까지 버스를 타고 갈까요?

   나: ____________________ 버스를 타지 마세요.

5) 가: 학교 앞 식당에서 밥을 먹을까요?

   나: ____________________ 중앙 식당에 갑시다.

6) 가: 어디에서 사진을 찍을까요?

   나: ____________________ 학교 앞에서 찍읍시다.

7) 가: 공원에서 산책할까요?

   나: ____________________ 집에서 쉽시다.

8) 가: 의사 선생님, 무슨 약을 먹을까요?

   나: __________________________ 이 약을 드세요. (감기에 걸리다)

9) 가: 내일 뭐 할까요?

나: 내일은 왕명 씨의 ______________ 생일 파티에 갑시다. (생일)

10) 가: 무슨 선물을 살까요?

나: 유민 씨는 ______________ 운동화를 삽시다. (운동선수)

11. 맞는 것을 고르십시오.

1) 그 영화가 (재미있으니까 / 재미있어서) 보세요.

2) 약속 시간에 (늦으니까 / 늦어서) 미안해요.

3) 오늘 (바쁘지 않으니까 / 바쁘지 않아서) 저녁에 만날까요?

4) 감기에 (걸리니까 / 걸려서) 학교에 갈 수 없어요.

5) 아기가 (자니까 / 자서) 조용히 하세요.

6) 날씨가 (더우니까 / 더워서) 아이스크림을 먹을까요?

7) 기차가 (빠르니까 / 빨라서) 기차를 탑시다.

12. 그림을 보고 '못-'을 사용해서 ______에 맞게 쓰십시오.

보기

일이 많다

가: 내일 마이클 씨의 생일 파티에 올 수 있어요?

나: 미안해요. <u>일이 많아서 파티에 못 가요</u>.

1)

가: 오늘 등산할 수 있어요?

나: 아니요, ____________서 ____________________.

2)

가: 그 책을 다 읽었어요?

나: 아니요, 책이 ____________서 ____________________.

3)

가: 동대문 시장에서 옷을 샀어요?

나: 아니요, ____________서 ____________________.

4)

가: 왜 구두를 안 샀어요?

나: 구두가 ____________서 ____________________.

5)

가: 어제 왜 전화를 안 받았어요?

나: 어제 일찍 ____________서 ____________________.

다음을 듣고 (　　　　)에 쓰십시오.

01

남: 내일은 (　　　　　　　　　　) 같이 박물관에 (　　　　　　)?

여: 네, 좋아요. 그럼 (　　　　)가 어때요?

남: (　　　　　　) (　　　　)이 있으니까 (　　　　) (　　　　)에 만납시다.

여: 네, 좋아요. 1시에 (　　　　　　　　) 만납시다.

남: 명동은 (　　　　　　　　　　) (　　　　) (　　　　　　) 만납시다.

여: 그래요. 그럼 내일 만나요.

02

여: 여보세요? 마이클 씨, 저 왕영이에요.

남: 왕영 씨, 안녕하세요?

여: 마이클 씨, 제가 (　　　　) (　　) (　　　　　　) 고향에 돌아가요.

남: 그래요? 그럼 (　　　　　　) (　　　　) (　　　　) 같이 저녁 식사할까요?

여: 네, 좋아요. 저는 (　　　　　　)에 수업이 없어요.

남: 저는 금요일 수업이 2시에 (　　　　　　　　) 3시에 (　　　　　　　).

여: 네, 3시 괜찮아요.

남: 그리고 저녁 식사 (　　　　) (　　　　) 영화 (　　　　　　)?

여: 네, 좋아요.

남: (　　　　) 영화를 보고 싶어요?

여: 저는 한국 영화를 보고 싶어요. '부산행'이 어때요?

남: 저도 그 영화를 보고 (　　　　　　　　).
그럼 우리 서울 극장 앞에서 (　　　　　　) 만납시다.

여: 극장 앞은 복잡하니까 (　　　　) (　　) (　　　　　　　　　　) 만납시다.

남: 네, 그러면 (　　　　　　) (　　　　)에 만납시다.

16과 요즘은 짧은 원피스가 유행이에요

1. 다음은 한국의 국기입니다. 색깔을 쓰십시오.

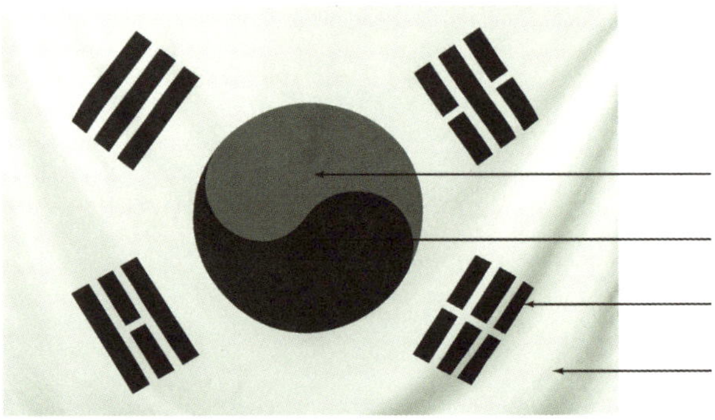

1) ....

2) ....

3) ....

4) ....

여러분 나라의 국기를 그리고 색깔을 쓰십시오.

2. 그림을 보고 그림에 맞는 이름을 쓰십시오.

입다	
신다	

쓰다		들다	
메다		매다	
끼다		하다	

3. 그림에 맞는 단어를 쓰십시오.

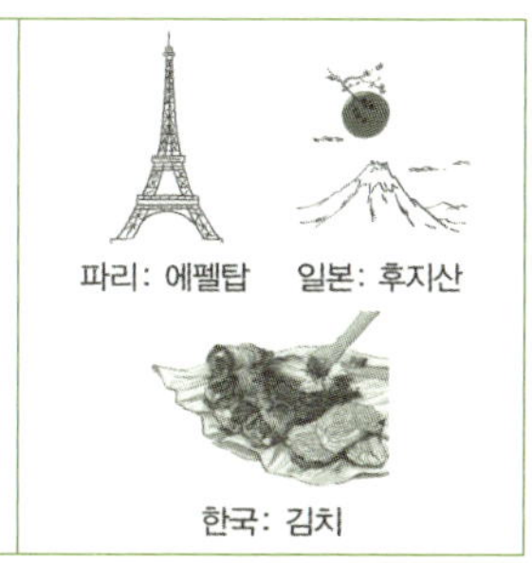

4. 표를 완성하십시오.

기본형	-(으)/는	기본형	-(으)ㄴ/는
크다		작다	
많다		적다	
싸다		비싸다	
넓다		좁다	
높다		낮다	
시원하다		따뜻하다	
뚱뚱하다		날씬하다	
짧다		*길다	
*가깝다		*멀다	
*두껍다		얇다	
깨끗하다		*더럽다	
*가볍다		*무겁다	
*춥다		*덥다	
*맛있다		*맛없다	
*재미있다		*재미없다	

5. 〈보기〉처럼 문장을 만들어 쓰십시오.

보기

예쁘다 / 옷 / 사다

➡ 나는 **예쁜 옷**을 사요.

1) 더럽다 / 방 / 싫어하다

➡ ______________________________.

2) 편하다 / 구두 / 신다

➡ ______________________________.

3) 길다 / 바지 / 입다

➡ ______________________________.

4) 서울 / 높다 / 건물 / 많다

➡ ______________________________.

5) 크다 / 집 / 살다

➡ ______________________________.

6) 재미있다 / 영화 / 보다

➡ ______________________________.

7) 맛있다 / 음식 / 먹다

➡ ______________________________.

8) 날씬하다 / 사람 / 만나다

➡ ______________________________.

9) 시원하다 / 주스 / 마시다

➡ ______________________________.

10) 두껍다 / 책 / 읽다

➡ ______________________________.

6. '그리고 / 그런데 / 그래서'를 넣으십시오.

1) 필립 씨는 미국 사람입니다. ________ 필립 씨의 친구도 미국 사람입니다.
필립 씨는 미국 사람입니다. ________ 민수 씨는 한국 사람입니다.
필립 씨는 미국 사람입니다. ________ 한국말을 잘 못합니다.

2) 제인 씨는 눈이 나쁩니다. ________ 마이클 씨는 눈이 좋습니다.
제인 씨는 눈이 나쁩니다. ________ 안경을 썼습니다.
제인 씨는 눈이 나쁩니다. ________ 린다 씨도 눈이 나쁩니다.

3) 나는 사과를 좋아합니다. ________ 포도도 좋아합니다.
나는 사과를 좋아합니다. ________ 사과를 많이 먹습니다.
나는 사과를 좋아합니다. ________ 수박은 좋아하지 않습니다.

4) 아버지는 영화를 좋아하십니다. ________ 어머니도 영화를 좋아하십니다.
________ 아버지와 어머니는 같이 영화를 보러 가십니다.
아버지는 골프를 좋아하십니다. ________ 어머니는 골프를 안 좋아하십니다.
________ 아버지는 혼자 골프를 치러 가십니다.

5) 어제 나는 백화점에서 가방을 봤습니다. 그 가방은 컸습니다.
________ 멋있었습니다. 그 가방을 사고 싶었습니다.
________ 나는 돈이 없었습니다. ________ 그 가방을 못 샀습니다.

7. 표를 완성하십시오.

기본형	-아/어 보다	기본형	-아/어 보다
가다		먹다	
오다		앉다	
사다		읽다	
만나다		입다	
타다		신다	
가르치다		닫다	
마시다		*걷다	
끼다		*듣다	
배우다		*묻다	
*쓰다		들다	
말하다		만들다	

8. 〈보기〉와 같이 '-아/어 보다'를 사용해서 대답하십시오.

보기

가: 감기에 걸렸어요. 많이 아파요.

나: 병원에 가 보세요.

1) 가: 나는 항상 학교에 늦어요. 어떻게 해요?

나: ____________________________________.

2) 가: 요즘 밤에 잘 수 없어요. 어떻게 해요?

나: ____________________________________.

3) 가: 방학에 한국에서 여행을 하고 싶어요. 어디가 좋아요?

나: ____________________________________.

4) 가: 말하기를 잘하고 싶어요. 어떻게 해요?

나: ____________________________________.

5) 가: 이 단어를 잘 몰라요. 그렇지만 사전이 없어요.

나: ____________________________________.

6) 가: 싼 옷을 사고 싶어요. 어디가 좋아요?

나: ____________________________________.

7) 가: 저는 아주 뚱뚱해요. 어떻게 해요?

나: ____________________________________.

다음을 듣고 (   )에 쓰십시오.

01

주 인: 어서 오세요.

손 님: 안녕하세요? (   ) (   ) (   )를 샀어요.
(   ) 좀 (   ). 그래서 (   ) 옷과 바꾸고 싶어요.

주 인: 영수증 있으세요?

손 님: 네, 여기 있어요.

주 인: 아, 네. 맞아요. 음~ 그럼 이 (   ) 바지는 어때요?

손 님: (   ) 바지는 많이 (   ). 티셔츠와 바꿀 수 있어요?

주 인: 그러세요? 그러면 여기에 티셔츠가 많이 있어요. (   ).
이 (   ) 티셔츠는 어때요?

손 님: 초록색은 저한테 잘 (   ) (   ).

주 인: 그러면 저기 (   ) 티셔츠는 어때요?
한번 (   ) (   ).

(잠시 후)

손 님: (   ) 어울려요?

주 인: 네, (   ) (   ) 어울려요.

손 님: 얼마예요?

주 인: 48,000원이에요. 바지와 가격이 (   ).

손 님: 그럼 이 티셔츠를 (   ).

02

손　님: (　　　　　)를 하나 사고 싶어요.

주　인: 우리 가게에 조끼가 많이 있으니까 (　　　　　　) (　　　　　　).

손　님: 이 조끼는 어때요? 좀 (　　　　　　)?

주　인: 아니요, 길지 않아요. 요즘 (　　) 조끼가 (　　　　　)이에요.

손　님: 그래요? 이 조끼가 (　　　　　　).

주　인: 우리 가게에 (　　　　) (　　　　　　) 많이 있어요.

손　님: 이 조끼에는 (　　　　) 구두가 어울려요?

주　인: (　　　　　　) 구두가 잘 어울려요.

손　님: 그래요? 음……, 그러면 (　　　　　　)은 어때요?

주　인: 조끼가 (　　　　)이니까 (　　　　　　) (　　) 구두는 잘 안 어울려요.
(　　　　) (　　)이 잘 어울려요.

손　님: 그러면 (　　　　　　) 구두를 주세요. 모두 얼마예요?

주　인: 조끼가 (　　　　　)원, 구두가 (　　　　　)원, 모두 (　　　　　　)원입니다.

손　님: 네? 조끼가 93,000원이에요? (　　　　) 비싸요.

주　인: 비싸지 않아요. 이 조끼는 우리 가게에서 (　　　　) (　　) 조끼예요.

손　님: 조금만 (　　　　) (　　　　　　).

주　인: (　　) (　　　　　　).

손　님: 그러면 조끼는 (　　　　) (　　　　　　　　).
구두를 사겠어요. 구두 주세요.

주　인: 아, 네. ……. 알겠습니다.

17과 사천 음식은 한국 음식보다 더 매워요

1. 그림에 맞는 단어를 쓰십시오.

2. 표를 완성하십시오.

기본형	V-는데	V-았/었는데	기본형	A-(으)ㄴ데	A-았/었는데
가다	가는데		싸다		
오다			예쁘다		
마시다			바쁘다		
만나다			크다		
읽다			좋다		
앉다			작다		
받다			시원하다		
좋아하다			따뜻하다		
운동하다			*덥다		
부르다			*춥다		
*듣다			*어렵다		
*살다			*가깝다		
*만들다			*길다		
*울다			*멀다		
*열다			*힘들다		

기본형	N인데
학생이다	
의사이다	
친구이다	
책상이다	

3. 'A-(으)ㄴ데 // V-는데 // N인데'를 사용해서 한 문장으로 만드십시오.

보기

동생은 키가 큽니다. / 저는 키가 작습니다.

➡ 동생은 키가 **큰데** 저는 키가 작습니다.

1) 날씨가 좋습니다. / 바람이 많이 붑니다.

➡ ______________________________.

2) 머리가 아픕니다. / 열은 나지 않습니다.

➡ ______________________________.

3) 교실 밖은 춥습니다. / 교실 안은 덥습니다.

➡ ______________________________.

4) 매일 운동을 합니다. / 뚱뚱합니다.

➡ ______________________________.

5) 제인 씨는 영어를 잘합니다. / 한국어는 못합니다.

➡ ______________________________.

6) 마이클 씨는 학교 근처에 삽니다. / 매일 지각을 합니다.

➡ ______________________________.

7) 어제는 중식을 먹었습니다. / 오늘은 한식을 먹었습니다.

➡ ______________________________.

8) 어제 배웠습니다. / 잘 모르겠습니다.

➡ ______________________________.

9) 지금은 겨울입니다. / 춥지 않습니다.

➡ ____.

10) 요즘 방학입니다. / 학교에 학생들이 많습니다.

➡ ____.

4. 빈칸에 맞게 쓰십시오.

기본형	-고	-(으)ㄴ/는데	-아/어요	-아/어서
부르다				
고르다				
자르다				
모르다				
누르다				
빠르다				
다르다				

1) 유민 씨는 우리 반에서 제일 노래를 잘 ______________(아/어)요.
(부르다)

2) 서울 사람들의 말과 제주도 사람들의 말이 ______________(아/어)서 재미있어요.
(다르다)

3) 저는 일본어를 배우지 않았어요. 그래서 일본어를 ______________(아/어)요.
(모르다)

4) 그 시계는 5분 ______________(아/어)요. 지금은 7시 55분이에요.
(빠르다)

5) 머리를 조금 ______________(아/어) 주세요.
(자르다)

5. '-(으)로'를 사용해서 질문에 대답하십시오.

1)

가: 스파게티는 무엇으로 먹어요?

나: ______________________.

2)

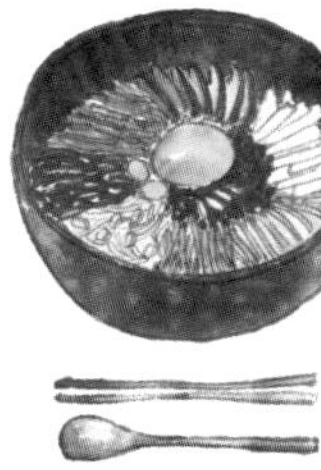

가: 비빔밥은 무엇으로 먹어요?

나: ______________________.

3)

가: 영어로 수업을 해요?

나: 아니요, ______________________.

4)

휴대폰

가: 카메라가 있어요? 사진을 어떻게 찍어요?

나: ______________________.

5)

가: 치즈는 무엇으로 만들어요?

나: ______________________.

6. 그림을 보고 'N보다'를 사용해서 문장을 만드십시오.

1)

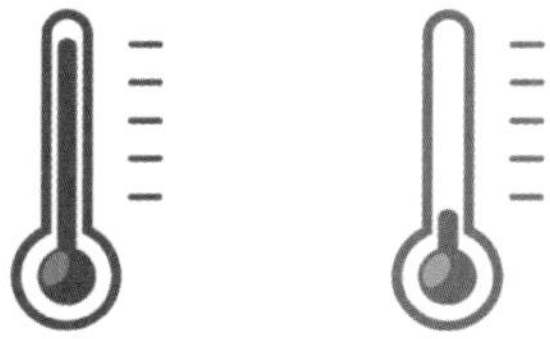

호주 한국

가: 요즘 호주 날씨는 어때요?

나: 요즘 호주는 ____________________.

2)

사과 초콜릿

가: 사과가 달아요, 초콜릿이 달아요?

나: ____________________.

3)

나 동생

가: 누가 더 커요?

나: ____________________.

4)

가: 백화점에서 살까요, 시장에서 살까요?

나: ____________________.

시장에서 사세요.

5)

읽기 말하기

가: 한국어 공부가 어때요?

나: ____________________.

7. '-(으)면'을 사용해서 대답하십시오.

보기

비가 옵니다.

➡ 저는 비가 오면 집에서 음악을 들어요.

1) 돈이 없습니다.

➡ ______________________________.

2) 날씨가 덥습니다.

➡ ______________________________.

3) 시간이 있습니다.

➡ ______________________________.

4) 한국어를 아주 잘합니다.

➡ ______________________________.

5) 바다에 갑니다.

➡ ______________________________.

다음을 듣고 (   )에 쓰십시오.

01

여: 에릭 씨, 이게 뭐예요?

남: 우리 (   )이에요.

여: 에릭 씨 (   ) 남자는 누구예요?

남: 제 (   )이에요.

여: 아, 그래요? 에릭 씨와 좀 (   ).

에릭 씨는 키가 (   ) 형은 키가 (   ).

남: 네, (   ) 많이 달라요.

형은 (   ) (   ) 저는 운동보다 (   )를 잘해요.

여: 이 사진은 (   ) 찍었어요?

남: (   ) (   ) 찍었어요.

여: 에릭 씨는 (   ) (   ) (   )?

남: 잘 (   ) (   ) 작년에 형한테서 (   ) (   ) 좀 탈 수 있어요.

02

남: 주영 씨, (　　　　　　　　) 뭘 할 거예요?

여: 방학하면 (　　　　　　　　) 갈 거예요. 제 고향이 속초예요.

남: 속초요? 속초가 (　　　　　　　　) (　　　　　　　　)?

여: 속초는 강원도에 있어요. 설악산(　　　) (　　　　　　　　).

남: (　　　　　　　　) 속초까지 어떻게 가요?

여: (　　　　　　　　)로 가요. 고속버스로 가면 (　　　　　　　　) 걸려요.

남: 속초가 (　　　　　　　　) (　　　　　　　　)?

여: 네, 속초가 (　　　　　　　　) (　　　) (　　　　　　　　).

남: 주영 씨는 고향에 가면 (　　　　) (　　　　) (　　　) 할 거예요?

여: 글쎄요, 고향 친구들도 (　　　　　　) (　　　　　　　) (　　　　　　　　) 먹고 싶어요. 우리 고향은 생선회가 유명해요.

남: 저도 주영 씨 고향에 (　　　) (　　　　) (　　　　　　).

여: 네, 우리 고향은 정말 (　　　　　　　　) 도시예요. 그러니까 필립 씨도 시간 있으면 꼭 놀러 오세요.

18과 설악산에 가 봤어요?

1. 다음 그림과 단어를 연결하십시오.

1)  • • 섬

2)  • • 강

3)  • • 폭포

4)  • • 절

2. 표를 완성하십시오.

기본형	-아/어 봤다	기본형	-아/어 봤다
가다		찍다	
사다		읽다	
타다		먹다	
만나다		받다	
보내다		입다	
배우다		잡다	
춤추다		살다	
가르치다		만들다	
마시다		*듣다	
빌리다		*걷다	
여행하다		*부르다	
*쓰다		*자르다	

3. 〈보기〉와 같이 '-아/어 봤다'를 사용해서 쓰십시오.

보기

가: 놀이공원에 가 봤어요?

나: <u>네, 가 봤어요.</u>

<u>아니요, 안 가 봤어요.</u>

1)

가: ______________________?

나: 네, ______________________.

아니요, ______________________.

2)

경주에 가다

가: ______________________?

나: 네, ______________________.

아니요, ______________________.

3)

가: ______________________?

나: 네, ______________________.

아니요, ______________________.

4)

가: ____________________?

나: 네, ____________________.

아니요, ____________________.

5)

가: ____________________?

나: 네, ____________________.

아니요, ____________________.

6)

가: ____________________?

나: 네, ____________________.

아니요, ____________________.

7)

가: ____________________?

나: 네, ____________________.

아니요, ____________________.

4. 표를 완성하십시오.

기본형	-(으)려고 하다	기본형	-(으)려고 하다
가다		공부하다	
보다		여행하다	
만나다		먹다	
사다		읽다	
배우다		찍다	
주다		*만들다	
쓰다		*팔다	
마시다		*살다	
가르치다		*놀다	
부르다		*듣다	
자르다		*걷다	
운전하다		*돕다	

5. 〈보기〉와 같이 '-(으)려고 하다'를 사용해서 대답하십시오.

> **보기**
> 가: 주말에 무엇을 하려고 해요? (등산하다)
> 나: 등산하려고 해요.

1) 가: 오후에 무엇을 하려고 해요? (친구를 만나다)
   나: ______________________________.

2) 가: 수업이 끝나고 무엇을 하려고 해요? (점심을 먹다)
   나: ______________________________.

3) 가: 대학을 졸업하면 무엇을 하려고 해요? (취직하다)
   나: ______________________________.

4) 가: 5년 후에 어디에서 살려고 해요? (서울에서 살다)
   나: ______________________________.

5) 가: 저녁에 무엇을 하려고 해요? (음악을 듣다)
   나: ______________________________.

6) 가: 식사하고 무엇을 하려고 해요? (회사 근처를 걷다)
   나: ______________________________.

7) 가: 여자 친구와 언제 결혼할 거예요? (내년에 결혼하다)
   나: ______________________________.

6. 맞는 것을 고르십시오.

1) 오늘 오후에 친구들과 영화를 (보려고 해요 / 보려고 했어요). 그렇지만 극장에 영화표가 없어서 영화를 못 봤어요.

2) 저는 어제부터 (다이어트하려고 해요 / 다이어트하려고 했어요). 그렇지만 밤에 너무 많이 먹었어요. 그래서 오늘부터 열심히 (다이어트하려고 해요 / 다이어트하려고 했어요).

3) 오늘 돈이 없어서 은행에 갔어요. 그렇지만 은행 문을 닫아서 돈을 찾을 수 없었어요. 그래서 친구한테서 돈을 (빌리려고 해요 / 빌리려고 했어요).

4) 가: 이번 주말에 뭐 할 거예요? 저는 카일 씨와 같이 남산에 (가려고 해요 / 가려고 했어요). 같이 가겠어요?
나: 요즘 일이 많아서 피곤해요. 그래서 주말에 (쉬려고 해요 / 쉬려고 했어요).

5) 가: 올해 무엇을 사고 싶어요?
나: 저는 올해 컴퓨터를 (사려고 해요 / 사려고 했어요).
그래서 열심히 아르바이트를 하고 있어요.

7. 표를 완성하십시오.

기본형	–(으)면서	기본형	–(으)면서
보다		일하다	
쓰다		여행하다	
배우다		운전하다	
기다리다		이야기하다	
마시다		전화하다	
쉬다		입다	
읽다		*만들다	
먹다		*살다	
웃다		*놀다	
춤추다		*울다	
부르다		*듣다	
자르다		*걷다	
피우다		*돕다	

8. 그림을 보고 '-(으)면서'를 사용해서 대답하십시오.

1)

민수 씨는 지금 친구들과 같이 ____________

____________________________________.

2)

윤주 씨는 ____________________________

____________________________________.

3)

다나카 씨는 __________________________

____________________________________.

4)

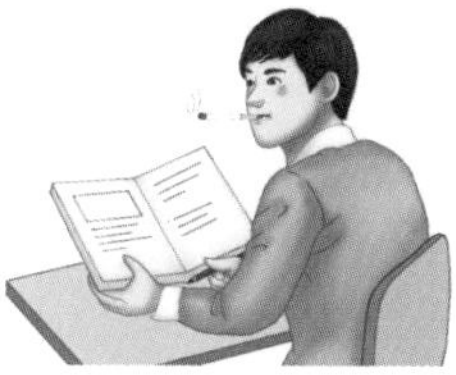

마이클 씨는 __________________________

____________________________________.

5)

아키코 씨는 __________________________

____________________________________.

6)

어머니는 ____________________________

____________________________________.

7)

리사 씨는 ____________________________

____________________________________.

9. 표를 완성하십시오.

기본형	-아/어야 하다 / 되다	기본형	-아/어야 하다 / 되다
가다		찍다	
사다		운동하다	
자다		공부하다	
오다		말하다	
마시다		만들다	
가르치다		열다	
기다리다		살다	
배우다		*쓰다	
주다		*듣다	
먹다		*걷다	
읽다		*돕다	
받다		*줍다	

10. 다음을 '-아/어야 되다 / 하다'로 대답하십시오.

1) 가: 주말에 같이 쇼핑할 수 있어요? **(아르바이트하다)**

나: 미안해요. 주말에 ____________________.

2) 가: 수진 씨 집에 어떻게 가요? **(택시를 타다)**

나: 수진 씨 집까지는 버스와 지하철이 없어서 ____________________.

3) 가: 김 선생님을 만날 수 있어요? **(기다리다)**

나: 지금은 수업 시간이에요. 20분쯤 ____________________.

4) 가: 남대문 시장에 가고 싶어요. 어떻게 가요? **(내리다)**

나: 지하철을 타고 회현역에서 ____________________.

5) 가: 오늘 같이 술을 마시러 갈 수 있어요? **(운전하다)**

나: 미안해요. 오늘은 ____________________-아/어서 술을 마실 수 없어요.

6) 가: 왜 이렇게 바빠요? **(오늘까지 이 일을 다 하다)**

나: ____________________-아/어서 바빠요.

7) 가: 한국 회사에서 일하고 싶어요. 어떻게 해야 돼요? **(한국말을 잘하다)**

나: 그러면 ____________________. 한국말을 열심히 공부하세요.

다음을 듣고 (   )에 쓰십시오.

01

1) (   ) 이름은 이수진이에요. 저는 (   ) (   ) 남자 친구와 데이트 (   ) (   ). 그렇지만 남자 친구가 일이 많아서 (   ) (   ) (   ).

2) 저는 로빈이에요. (   ) 왔어요. 저는 노래를 좋아해서 가수를 (   ) (   ). 가수는 노래도 (   ) (   ) 춤도 (   ) (   ) (   ). 그렇지만 저는 춤을 (   ) (   ) (   ) 가수를 할 수 없었어요.

3) 저는 피터예요. (   )이에요. (   ) (   )에는 친구와 같이 (   )를 보고 싶었어요. 그렇지만 회사 일이 (   ) 회사에서 (   ) (   ) (   ).

02

스티브: 은수 씨, 닭갈비를 (   ) (   )?

은　수: 네, (   ) (   ). 왜요?

스티브: 어제 텔레비전에서 닭갈비를 봤어요. (   ) (   ).
닭갈비 맛이 (   )?

은　수: 좀 맵지만 맛있어요. 스티브 씨는 (   ) (   ) 좋아해요?

스티브: 네, (   ) (   ) 정말 좋아해요. 그래서 저는 한국 음식이 좋아요.

은　수: 스티브 씨, 춘천에 (   ) (   )? 춘천 닭갈비가 아주 유명해요.

스티브: 그래요? 저는 (   ) (   ) (   ). 그럼 이번 주말에 같이 닭갈비를 먹으러 춘천에 (   )?

은　수: 좋아요. 같이 가요.

스티브: 춘천은 (   )?

은　수: 아니요, 멀지 않아요. (   ) (   ) (   ) 걸려요. 그런데 (   ) (   ) 조금 더 빨라요.

스티브: 그럼 (   ) 타고 갑시다. 그리고 춘천에서 닭갈비를 먹은 후에 뭐 할까요?

은　수: 춘천은 호수도 (   ). 호수도 구경합시다.

19과 한국 사람하고 이야기할 때 힘들어요

1. 그림에 맞는 단어를 쓰십시오.

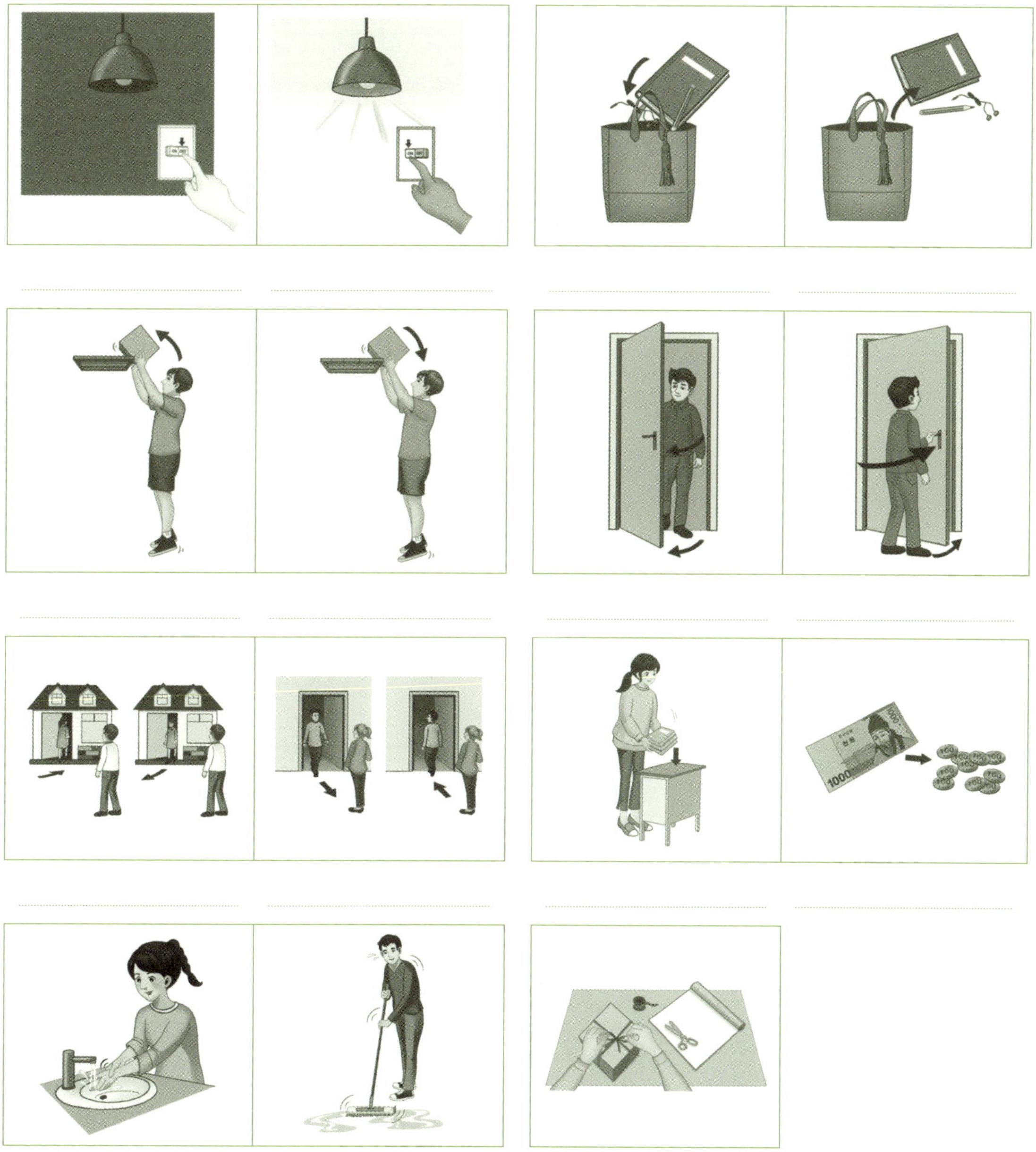

2. 표를 완성하십시오.

기본형	-아/어 주다	기본형	-아/어 주다
사다		포장하다	
켜다		읽다	
꺼내다		찍다	
싸다		열다	
가르치다		들다	
빌리다		만들다	
올리다		잡다	
바꾸다		넣다	
*쓰다		*돕다	
*끄다		*줍다	
닫다		*자르다	
닦다		*부르다	

3. '-아/어 주다'를 사용해서 ______에 맞게 쓰십시오.

1) 지금 비가 와요. 그렇지만 민수 씨는 우산이 없어요.
그래서 저는 민수 씨에게 우산을 ______________________________.
(-아/어요)

2) 어제 수진 씨의 가방이 무거웠어요.
그래서 저는 수진 씨 가방을 ______________________________.
(-았/었어요)

3) 다음 주 목요일이 동생 생일이에요.
그래서 저는 동생에게 선물을 ______________________________.
(-(으)ㄹ 거예요)

4) 왕명 씨가 한국말을 잘 못해요.
그래서 저는 왕명 씨에게 한국말을 ______________________________.
(-고 있다)

5) 우리 아이들이 떡볶이를 좋아해요.
저는 오후에 아이들에게 떡볶이를 ______________________________.
(-(으)려고 하다)

4. '-아/어 드리다'를 사용해서 ______에 맞게 쓰십시오.

1) 내일 어머니가 한국에 오세요.
그래서 저는 어머니께 맛있는 한국 음식을 ______________________.
(-(으)ㄹ 거예요)

2) 내일이 아버지 생일이에요.
그래서 저는 아버지께 노래를 ______________________________.
(-(으)ㄹ 거예요)

3) 할아버지가 길을 잘 모르세요.
그래서 할아버지께 길을 ______________________.
(-았/었어요)

4) 날씨가 많이 더웠어요.
그래서 저는 할머니께 에어컨을 ______________________.
(-았/었어요)

5) 어머니가 집에서 청소를 하고 계세요.
그래서 저는 어머니를 ______________________________.
(-(으)려고 하다)

5. '-아/어 주세요'를 사용해서 ______에 맞게 쓰십시오.

1) 마이클 씨, 제 가방이 너무 무거워요. 이 가방 좀 ____________________.

2) 제가 지금 한국 돈이 없어요. 중국 돈을 한국 돈으로 ______________.

3) 말이 너무 빨라요. 천천히 ______________________________.

4) 아기가 잠을 자고 있어요. 텔레비전을 ______________________.

5) 청소할 거예요. 창문을 좀 ______________________.

6. '-아/어 주시겠어요?'를 사용해서 ______에 맞게 쓰십시오.

1) 방이 어두워요. 불을 ____________________?

2) 선생님, 잘 모르겠어요. 다시 ____________________?

3) 커피를 마시고 싶은데 지갑을 안 가져왔어요.
호영 씨, 오늘 저에게 커피 좀 ____________________?

4) 남자 친구와 사진을 찍고 싶어요. 유민 씨, 사진 좀 ______________?

5) 친구에게 전화를 해야 돼요. 그런데 제가 오늘 휴대폰을 안 가져왔어요.
휴대폰을 ____________________?

7. 'N 때'를 사용해서 질문에 대답하십시오.

1) 가: 언제 운전을 배우려고 해요? (방학)

나: ______________________________.

2) 가: 언제 부산으로 이사했어요? (10살)

나: ______________________________.

3) 가: 언제 태국에 가 봤어요? (대학교 2학년)

나: ______________________________.

4) 가: 윤지 씨를 언제 만날 거예요? (내일 점심)

나: ______________________________.

5) 가: 이 옷을 언제 선물 받았어요? (작년 크리스마스)

나: ______________________________.

8. '-(으)ㄹ 때'를 사용해서 질문에 대답하십시오.

1) 가: 이 옷을 언제 입을 거예요? **(남자 친구를 만나다)**

나: ______________________________.

2) 가: 언제 기분이 좋아요? **(맛있는 음식을 먹다)**

나: ______________________________.

3) 가: 다나카 씨를 언제 만났어요? **(일본에서 일하다)**

나: ______________________________.

4) 가: 언제 에어컨을 켜요? **(날씨가 너무 덥다)**

나: ______________________________.

5) 가: 언제 행복해요? **(아이들에게 음식을 만들어 주다)**

나: ______________________________.

6) 가: 이 신발을 언제 신어요? **(많이 걷다)**

나: ______________________________.

7) 가: 집에서 요리를 자주 하세요? **(고향 음식이 먹고 싶다)**

나: 네, ______________________________.

9. 사람들은 지금 무엇을 하고 있습니까?

1) 미호 씨는 ______________________________.

2) 리사 씨는 ______________________________.

3) 앤디 씨는 ______________________________.

4) 민수 씨는 ______________________________.

5) 유민 씨는 ______________________________.

10. 〈보기〉와 같이 '–요'를 사용해서 대답을 쓰십시오.

보기

가: 어제 왜 운동하러 안 왔어요? (피곤하다)

나: 피곤해서요. (–아/어서)

1) 가: 왜 그 구두를 사지 않았어요? (비싸다)

나: ________________. (–아/어서)

2) 가: 오늘 왜 산에 가지 않아요? (비가 오다)

나: ________________. (–(으)니까)

3) 가: 이 약은 언제 먹어요? (식사하다)

나: ________________. (–기 전에)

4) 가: 언제 영화를 볼 거예요? (숙제를 다 하다)

나: ________________. (–(으)ㄴ 후에)

5) 가: 지금 어디에 가요? (친구를 만나다)

나: ________________. (–(으)러)

6) 가: 학교에 어떻게 가요? (버스)

나: ________________. (–(으)로)

7) 가: 언제 가족이 보고 싶어요? (몸이 아프다)

나: ________________. (–(으)ㄹ 때)

다음을 듣고 (   )에 쓰십시오.

01

1) **남:** 비가 많이 와요. 그런데 우산이 없어요.

여: 저한테 우산이 두 개 있어요.

남: 그럼 하나 (   ) (   )?

여: 네, 이거 쓰세요.

2) **남:** 날씨가 정말 더워요. 창문 좀 (   ) (   )?

여: 에어컨을 켜면 어때요?

남: 네, 그게 좋겠어요.

3) **여:** 진수 씨, 제가 어제 전화했는데 왜 안 받았어요?

남: 언제 전화했어요?

여: (   ) (   ).

남: 그때 제가 (   ) (   ). 그래서 전화를 못 받았어요.

4) **남:** 유진 씨, 피아노를 칠 수 있어요?

여: 네, (   ) (   ) (   ) 배웠어요.

5) **남:** 리사 씨는 집이 어디예요?

여: 흑석동이에요.

남: 그럼 고향이 서울이에요?

여: (   ) (   ) 서울로 이사 왔어요.

02

승철: 주디 씨, 얼굴이 안 좋아요. 무슨 일이 있어요?

주디: (   ) (   ) (   ) 지하철에서 지갑을 (   ).

승철: 정말요? 지갑에 돈이 많이 있었어요?

주디: 아니요, (   ) (   ).

그런데 승철 씨, 돈 좀 (   ) (   )?

돈이 없어서 집에도 (   ) (   ) 점심도 (   ) (   ).

승철: 그랬어요? 제가 그동안 아르바이트를 하고 어제 돈을 받았어요.

그러니까 제가 주디 씨에게 버스 값을 (   ) (   ). 그리고 주디 씨에게 점심을 (   ) (   ).

주디: 정말 고마워요.

승철: 아니에요, 그런데 주디 씨, 오늘 뭐 먹고 싶어요?

주디: 저는 불고기를 먹고 싶어요.

승철: 불고기요? 저도 불고기를 먹고 싶어요. 그렇지만 너무 비싸요.

저는 (   ) (   ) (   ) 한 시간에 5,000원을 받아요.

불고기를 먹으면 3일 동안 (   ) (   ). 주디 씨, 순두부찌개는 어때요?

주디: 미안해요. 순두부찌개는 (   ) 못 먹어요. 그러면 승철 씨, 냉면은 어때요?

승철: 좋아요. 학생 식당에서 맛있고 시원한 물냉면을 (   ) (   ).

주디: 그래요? 그럼 빨리 학생 식당에 가요.

20과 거기 한국어교육원이지요?

1. 그림에 맞는 단어를 쓰십시오.

2. 표를 완성하십시오.

기본형	-지요?	기본형	-지요?
싸다		공부하다	
크다		걷다	
바쁘다		듣다	
맵다		살다	
춥다		만들다	
맛있다		돕다	
재미있다		줍다	
가다		학생이다	
읽다		학생이 아니다	

3. 〈보기〉와 같이 '-지요?'를 사용해서 ________에 맞게 쓰십시오.

보기

가: 오늘 날씨가 좋지요? (좋다)
나: 네, 날씨가 아주 좋아요.

1) 가: 내일은 수업이 ________________? (없다)
나: 네, 토요일이라서 수업이 없어요.

2) 가: 지금 밖에 비가 ________________? (오다)
나: 아니요, 조금 전에 왔는데 지금은 안 와요

3) 가: 한국 사람들은 매운 음식을 ______________________? (좋아하다)
나: 네, 아주 좋아해요.

4) 가: 어제 시험이 ______________________? (어렵다)
나: 아니요, 생각보다 어렵지 않았어요.

5) 가: 마이클 씨는 고향에 ______________________? (돌아가다)
나: 네, 지난 주말에 고향에 갔어요.

6) 가: 안나 씨, 호앙 씨한테 약속 장소를 ______________________? (말해 주다)
나: 네, 어제 전화로 말해 줬어요.

7) 가: 수지 씨는 ______________________? (한국 사람)
나: 네, 한국 사람인데 일본어를 아주 잘해요.

4. 〈보기〉와 같이 '-아/어 드릴까요?'를 사용해서 ________에 맞게 쓰십시오.

보기

가: 선생님, 문을 열어 드릴까요?
나: 네, 열어 주세요.

1)

가: 무거우니까 제가 ____________________?
나: 네, 감사합니다.

2)

가: 제가 사전을 ____________________?
나: 네, 빌려 주세요. 감사합니다.

3)

가: 제가 사진을 ____________________?
나: 아니에요. 혼자 찍을 수 있어요.

4)

가: 한국어 숙제가 너무 어려워요.
나: 제가 ____________________?

5)

가: 어떻게 해요? 지금 돈이 없어요.
나: 제가 ____________________?

5. '-(이)라고 하다'를 사용해서 대답하십시오.

1) 이것은 과일이에요. 아주 맛있어요. 그리고 커요. 여름에 많이 먹어요. 밖은 초록색이고 안은 빨간색이에요. 안에 까만색 씨가 많이 있어요. 이것을 뭐라고 해요?

➡ ______________________________.

2) 이것은 크지 않고 작아요. 이것으로 친구와 이야기할 수 있어요. 밤에도 낮에도 지하철에서도 집에서도 다 사용할 수 있어요. 이것을 뭐라고 해요?

➡ ______________________________.

3) 이것은 길에 있어요. 사람들이 이것을 보고 길을 건너요. 차는 이것을 보고 서요. 빨간색, 초록색이 있어요. 이것을 뭐라고 해요?

➡ ______________________________.

4) 겨울에 볼 수 있어요. 눈이 많이 올 때 만들어요. 아이들이 좋아해요. 사람과 비슷해요. 색깔은 하얀색이에요. 이것을 뭐라고 해요?

➡ ______________________________.

5) 남자들이 좋아해요. 운동장에서 할 수 있고 체육관에서 할 수 있어요. 공 1개와 사람 5명이 필요해요. 이것을 뭐라고 해요?

➡ ______________________________.

다음을 듣고 (   )에 쓰십시오.

01

남: 여보세요? 수미 씨 휴대폰 (   )?

여: 네, 맞아요. (   )?

남: 저 마이클이에요.

여: 아, 마이클 씨, 안녕하세요?

남: 지금 통화 괜찮으세요?

여: 잠깐만 (   ) (   ).

(문을 열고 걸어서 나오는 구둣발 소리)

여: 여보세요? 지금 (   ) 밖으로 나왔어요.

남: 수미 씨, 내일 영어 숙제가 뭐예요?

여: 영어 숙제요? 잘 모르겠어요.
지금 도서관에 지영 씨와 같이 있으니까 물어보고 (   ) (   )?

남: 네, 고마워요. 나중에 (   ) (   ).

여: 네, 조금 후에 (   ) (   ).

02

여$_1$: 여보세요? 재석 씨 (   )?

남$_1$: 재석 씨요? 몇 번에 (   )?

여$_1$: 820-3967 아니에요?

남$_1$: (   ) (   ).

여$_1$: 아이고, 죄송합니다.

여$_1$: 여보세요? 에릭 씨 (   )?

남$_2$: 네, 맞아요. 누구세요?

여$_1$: 안녕하세요, 에릭 씨. 저 왕영이에요.

남$_2$: 안녕하세요. 무슨 일이세요?

여$_1$: 제가 아까 김재석 씨 회사에 (   ) (   ).
그런데 재석 씨 회사 전화번호가 (   ).
재석 씨의 회사 전화번호 알아요?

남$_2$: 네, 알아요. 잠깐만 기다리세요. 전화번호가 (   ).

여$_1$: 아, 네. 제가 전화번호를 (   ) (   ). 고마워요.

여$_1$: 여보세요? 김재석 씨 좀 (   ) (   ).

남$_3$: 김재석 씨는 지금 (   ) (   ) (   ).

여$_1$: 언제 돌아오세요?

남$_3$: 30분쯤 후에 돌아오실 거예요.

여$_1$: 저는 (   ) (   ).
제가 30분 후에 (   ) (   ).

알기 쉽고 재미있는

중앙 한국어 워크북 1

하

정답지

11과 학교 앞에서 버스를 타세요

1\. 2) 마을버스　3) 시내버스　4) 지하철　5) 자동차　6) 비행기　7) 오토바이
8) 자전거　9) 택시　10) 기차　11) 배　12) 트럭　13) 걸어서

2\.

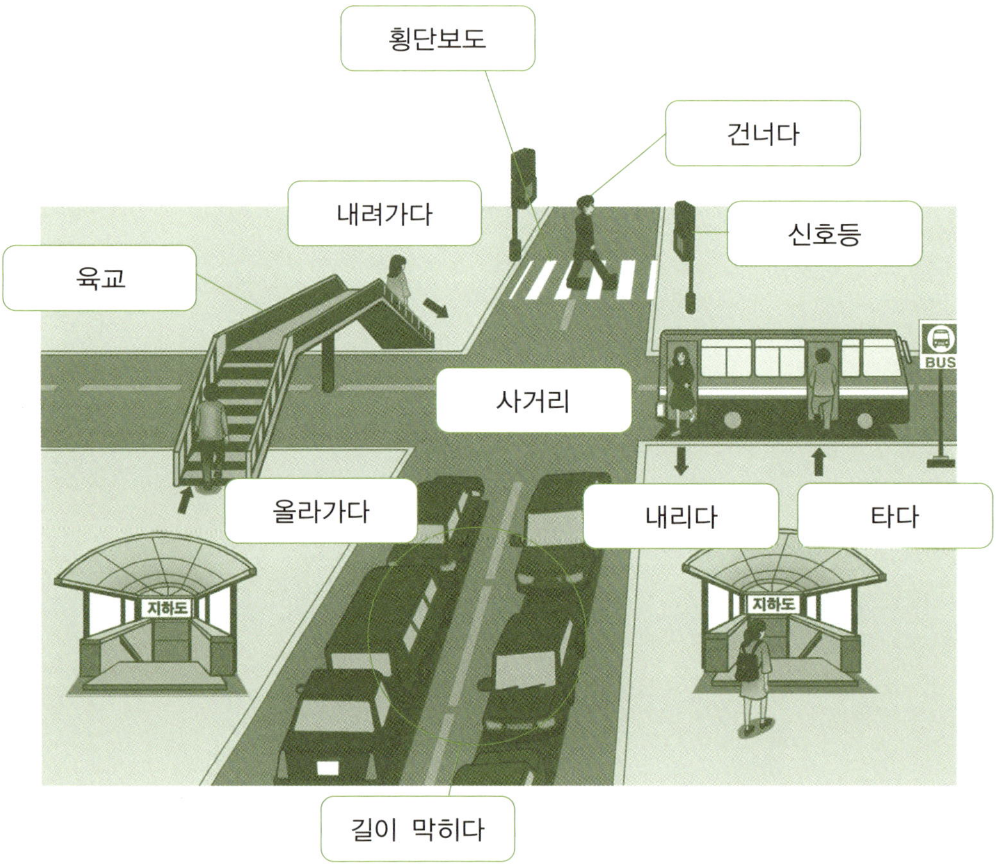

3\. 1) 버스로 한 시간 걸려요
2) 학교에서 커피숍까지 걸어서 십 분 걸려요
3) 편의점에서 공원까지 얼마나 걸려요?, 편의점에서 공원까지 자전거로 삼십 분 걸려요
4) 부산에서 제주도까지 얼마나 걸려요?, 부산에서 제주도까지 배로 열한 시간 걸려요
5) 백화점에서 명동까지 얼마나 걸려요?, 백화점에서 명동까지 지하철로 사십오 분 걸려요
6) 서울에서 경주까지 얼마나 걸려요?, 서울에서 경주까지 기차로 세 시간 삼십 분 걸려요
7) 한국에서 일본까지 얼마나 걸려요?, 한국에서 일본까지 비행기로 두 시간 걸려요

4.

기본형	-(으)세요	-지 마세요
가다	가세요	가지 마세요
오다	오세요	오지 마세요
만나다	만나세요	만나지 마세요
보다	보세요	보지 마세요
기다리다	기다리세요	기다리지 마세요
읽다	읽으세요	읽지 마세요
입다	입으세요	입지 마세요
주다	주세요	주지 마세요
받다	받으세요	받지 마세요
쉬다	쉬세요	쉬지 마세요
쓰다	쓰세요	쓰지 마세요
말하다	말하세요	말하지 마세요
공부하다	공부하세요	공부하지 마세요
숙제하다	숙제하세요	숙제하지 마세요
*듣다	들으세요	듣지 마세요
*열다	여세요	열지 마세요
*만들다	만드세요	만들지 마세요
*놀다	노세요	놀지 마세요
먹다	드세요	드시지 마세요 / 먹지 마세요
마시다	드세요	드시지 마세요 / 마시지 마세요
자다	주무세요	주무시지 마세요 / 자지 마세요

5. 1) 내일 10시까지 학교에 오세요
2) 녹차를 드세요
3) 일찍 주무세요
4) 비빔밥을 드세요
5) 이름을 세 번 쓰세요
6) 여기에서 기다리세요
7) 문을 여세요
8) 한국어 시디(CD)를 들으세요
9) 공원에서 산책하세요
10) 칠판을 보세요

6. 1) 한국말을 하세요, 영어를 하지 마세요
2) 전화하지 마세요
3) 만드세요
4) 담배를 피우지 마세요
5) 드세요
6) 여세요
7) 입지 마세요, 입으세요
8) 드세요
9) 타지 마세요, 타세요
10) 놀지 마세요, 노세요

7.

기본형	-아/어요	-(스)ㅂ니다	-(으)세요
살다	살아요	삽니다	사세요
만들다	만들어요	만듭니다	만드세요
열다	열어요	엽니다	여세요
놀다	놀아요	놉니다	노세요
팔다	팔아요	팝니다	파세요
울다	울어요	웁니다	우세요
알다	알아요	압니다	-
멀다	멀어요	멉니다	-
달다	달아요	답니다	-
힘들다	힘들어요	힘듭니다	-

1) 삽니다 2) 붑니다 3) 압니까 4) 달지 않습니다 5) 울었어요

8. 1) 학교로 가요 2) 명동으로 가요 3) 영국으로 갔어요
4) 놀이공원으로 가겠어요 5) 왼쪽으로 6) 2층으로
7) 지하 1층으로

12과 방학에 고향에 돌아갈 거예요

1.

기본형	-(으)ㄹ 거예요	기본형	-(으)ㄹ 거예요
가다	갈 거예요	먹다	먹을 거예요
자다	잘 거예요	앉다	앉을 거예요
오다	올 거예요	찍다	찍을 거예요
타다	탈 거예요	받다	받을 거예요
보다	볼 거예요	닫다	닫을 거예요
마시다	마실 거예요	*듣다	들을 거예요
가르치다	가르칠 거예요	*걷다	걸을 거예요
기다리다	기다릴 거예요	*묻다	물을 거예요
배우다	배울 거예요	*열다	열 거예요
쓰다	쓸 거예요	*살다	살 거예요
자르다	자를 거예요	*팔다	팔 거예요
공부하다	공부할 거예요	*눕다	누울 거예요
운동하다	운동할 거예요	*돕다	도울 거예요

2. 1) 서점에 갈 거예요
2) 명동에 갈 거예요. 거기에서 옷을 살 거예요
3) 목요일이에요. 사진을 찍을 거예요
4) 10월 9일에 병원에 갈 거예요 / 이번 주 금요일에 병원에 갈 거예요
5) 10월 14일에 친구를 만날 거예요 / 다음 주 수요일에 친구를 만날 거예요
6) 아니요, 낚시 안 할 거예요. 10월 17일에 낚시할 거예요 / 다음 주 토요일에 낚시할 거예요
7) 아니요, 미용실에 안 갈 거예요. 다음 주 금요일에 미용실에 갈 거예요
/ 다음 주 화요일에 영화를 볼 거예요

3.

기본형	-(스)ㅂ니다	-아/어요	-았/었어요	-(으)ㄹ 거예요	-(으)세요
듣다	듣습니다	들어요	들었어요	들을 거예요	들으세요
묻다	묻습니다	물어요	물었어요	물을 거예요	물으세요
걷다	걷습니다	걸어요	걸었어요	걸을 거예요	걸으세요
닫다	닫습니다	닫아요	닫았어요	닫을 거예요	닫으세요
받다	받습니다	받아요	받았어요	받을 거예요	받으세요

1) 걸으세요　2) 물었어요　3) 들어요　4) 받을 거예요　5) 닫았어요

4. 1) 가고 싶어요, 취직하고 싶어요
2) 수영하고 싶어요, 쉬고 싶어요
3) 여행을 하고 싶어요
4) 산책하고 싶지 않아요, 보고 싶어요
5) 공부하고 싶지 않아요, 놀고 싶어요
6) 듣고 싶지 않아요, 보고 싶어요
7) 먹고 싶지 않아요

5.

기본형	-(으)ㄴ 후에	-(으)ㄴ 다음에
만나다	만난 후에	만난 다음에
보다	본 후에	본 다음에
사다	산 후에	산 다음에
마시다	마신 후에	마신 다음에
먹다	먹은 후에	먹은 다음에
입다	입은 후에	입은 다음에
읽다	읽은 후에	읽은 다음에
결혼하다	결혼한 후에	결혼한 다음에
공부하다	공부한 후에	공부한 다음에
받다	받은 후에	받은 다음에
*듣다	들은 후에	들은 다음에
*걷다	걸은 후에	걸은 다음에
*묻다	물은 후에	물은 다음에
*살다	산 후에	산 다음에
*열다	연 후에	연 다음에
*팔다	판 후에	판 다음에
*눕다	누운 후에	누운 다음에
*돕다	도운 후에	도운 다음에

6. 1) 식사한 후에 보통 산책을 해요
2) 영화를 본 후에 식사를 해요
3) 운동을 한 후에 물을 마셔요
4) 수업이 끝난 후에 점심을 먹을 거예요
5) 대학교를 졸업한 후에 회사에 취직할 거예요
6) 이번 학기가 끝난 후에 고향에 돌아갈 거예요
7) 대학교를 졸업한 후에 결혼할 거예요

7. 1) 빵이나 김밥을 먹을 거예요
2) 커피나 주스를 마셔요
3) 한국이나 중국에서 살고 싶어요
4) 꽃이나 옷을 선물해요
5) 부모님이나 친구를 만나고 싶어요
6) 만두나 국수를 먹어요
7) 엑소나 방탄소년단의 음악을 듣고 싶어요

13과 요즘에는 바빠서 거의 안 가요

1. 축구하다, 농구하다, 배구하다, 야구하다, 등산하다
수영하다, 태권도하다, 요가하다, 달리기하다
테니스 치다, 탁구 치다, 배드민턴 치다, 골프 치다, 볼링 치다
스키 타다, 스케이트 타다, 자전거 타다
피아노 치다, 기타 치다, 바이올린 켜다
쇼핑하다, 독서하다, 요리하다, 낚시하다, 여행하다
영화 감상하다, 음악 감상하다, 컴퓨터 게임하다, 수집하다

2. 1) 저는 항상 커피를 마셔요 / 저는 자주 커피를 마셔요 / 저는 가끔 커피를 마셔요 / 저는 커피를 거의 안 마셔요 / 저는 커피를 전혀 안 마셔요
2) 저는 항상 한국 드라마를 봐요 / 저는 자주 한국 드라마를 봐요 / 저는 가끔 한국 드라마를 봐요 / 저는 한국 드라마를 거의 안 봐요 / 저는 한국 드라마를 전혀 안 봐요
3) 저는 항상 운동을 해요 / 저는 자주 운동을 해요 / 저는 가끔 운동을 해요 / 저는 운동을 거의 안 해요 / 저는 운동을 전혀 안 해요
4) 저는 항상 숙제를 해요 / 저는 자주 숙제를 해요 / 저는 가끔 숙제를 해요 / 저는 숙제를 거의 안 해요 / 저는 숙제를 전혀 안 해요
5) 저는 항상 담배를 피워요 / 저는 자주 담배를 피워요 / 저는 가끔 담배를 피워요 / 저는 담배를 거의 안 피워요 / 저는 담배를 전혀 안 피워요
6) 저는 항상 식당에 가요 / 저는 자주 식당에 가요 / 저는 가끔 식당에 가요 / 저는 식당에 거의 안 가요 / 저는 식당에 전혀 안 가요
7) 저는 항상 버스를 타요 / 저는 자주 버스를 타요 / 저는 가끔 버스를 타요 / 저는 버스를 거의 안 타요 / 저는 버스를 전혀 안 타요

3. 1) 오늘이 월/화/수/목/금/토/일요일이에요
2) 저는 축구를 잘해요
3) 김치찌개를 잘 만들어요
4) 한국 영화를 보고 싶어요
5) 사과를 좋아해요
6) 한국 드라마를 봐요
7) 콜라를 좋아해요

4. 1) 우리 반 학생들 중에서 ○○ 씨가 제일 키가 커요
2) 우리 반에서 ○○ 씨가 제일 나이가 많아요
3) 선생님 중에서 ○○○ 선생님이 제일 친절해요
4) 우리 가족 중에서 아버지가 제일 뚱뚱해요
5) 세계에서 에베레스트 산이 가장 높아요
6) 한국 영화배우 중에서 강동원이 제일 멋있어요
7) 우리나라에서 중앙대학교가 제일 좋아요

5.

기본형	–(으)ㄹ 수 있다	–(으)ㄹ 수 없다
가다	갈 수 있다	갈 수 없다
쓰다	쓸 수 있다	쓸 수 없다
춤추다	춤출 수 있다	춤출 수 없다
마시다	마실 수 있다	마실 수 없다
배우다	배울 수 있다	배울 수 없다
부르다	부를 수 있다	부를 수 없다
운전하다	운전할 수 있다	운전할 수 없다
먹다	먹을 수 있다	먹을 수 없다
읽다	읽을 수 있다	읽을 수 없다
잡다	잡을 수 있다	잡을 수 없다
*듣다	들을 수 있다	들을 수 없다
*걷다	걸을 수 있다	걸을 수 없다
*만들다	만들 수 있다	만들 수 없다
*열다	열 수 있다	열 수 없다
*놀다	놀 수 있다	놀 수 없다
*돕다	도울 수 있다	도울 수 없다
*줍다	주울 수 있다	주울 수 없다

6. 1) 수영을 할 수 있어요.
2) 네, 한국에서 운전할 수 있어요 / 아니요, 한국에서 운전할 수 없어요
3) 김치를 먹을 수 없어요
4) 여름에 수영을 할 수 있어요, 여름에 스키를 탈 수 없어요
5) 겨울에 눈사람을 만들 수 있어요, 겨울에 바다에서 수영할 수 없어요
6) 학교에서 친구를 만날 수 있어요, 학교에서 컴퓨터 게임을 할 수 없어요
7) 우리나라에서 ______(으)ㄹ 수 있어요, ______(으)ㄹ 수 없어요

7.

기본형	-아/어서 // (이)라서	기본형	-아/어서 // (이)라서
가다	가서	만들다	만들어서
만나다	만나서	열다	열어서
보다	봐서	살다	살아서
*예쁘다	예뻐서	*춥다	추워서
*아프다	아파서	*덥다	더워서
먹다	먹어서	*줍다	주워서
앉다	앉아서	있다	있어서
닫다	닫아서	없다	없어서
*걷다	걸어서	학생이다	학생이라서
*듣다	들어서	의사이다	의사라서

8. 1) 백화점의 옷이 비싸서 시장에서 옷을 삽니다
2) 영화가 슬퍼서 많이 울었습니다
3) 날씨가 추워서 코트를 입었습니다
4) 등산을 해서 다리가 아픕니다
5) 아침을 안 먹어서 지금 배가 고픕니다
6) 친구한테서 선물을 받아서 기분이 좋습니다
7) 집에서 학교까지 멀어서 불편합니다
8) 아버지는 요리사라서 식당에서 일합니다
9) 친구가 한국 사람이라서 친구와 한국말로 이야기할 수 있습니다
10) 지금은 겨울이 아니라서 눈이 오지 않습니다

14과 약을 하루에 세 번 드세요

1.

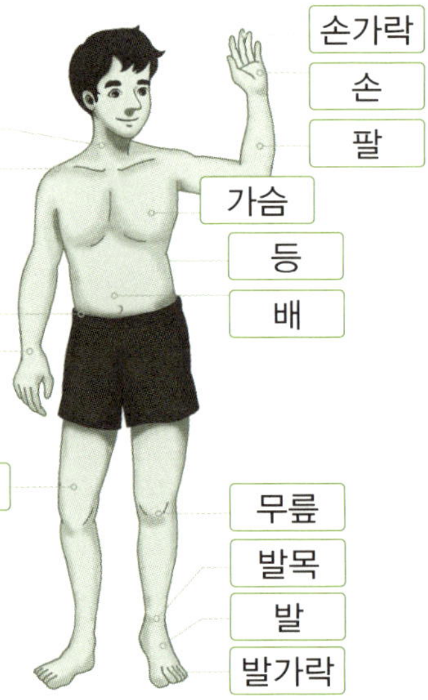

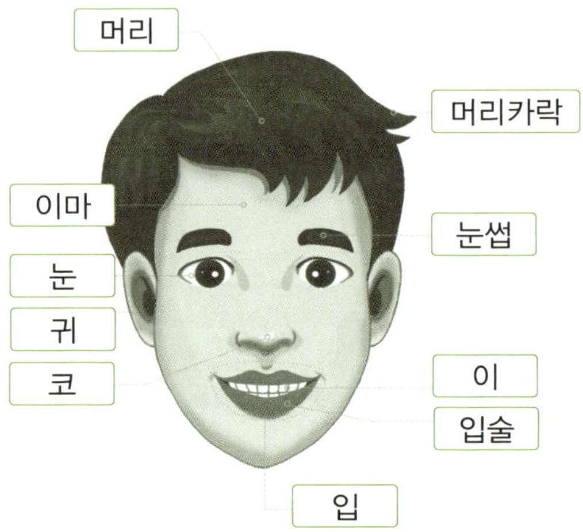

기침을 하다, 열이 나다, 콧물이 나다
피가 나다, 코피가 나다, 감기에 걸리다

2.

기본형	현재		과거
	-(으)십니다	-(으)세요	-(으)셨어요
가다	가십니다	가세요	가셨어요
만나다	만나십니다	만나세요	만나셨어요
보다	보십니다	보세요	보셨어요
배우다	배우십니다	배우세요	배우셨어요
앉다	앉으십니다	앉으세요	앉으셨어요
기다리다	기다리십니다	기다리세요	기다리셨어요
바쁘다	바쁘십니다	바쁘세요	바쁘셨어요
쓰다	쓰십니다	쓰세요	쓰셨어요
*듣다	들으십니다	들으세요	들으셨어요
*걷다	걸으십니다	걸으세요	걸으셨어요
*살다	사십니다	사세요	사셨어요
*알다	아십니다	아세요	아셨어요

먹다	드십니다	드세요	드셨어요
	잡수십니다	잡수세요	잡수셨어요
마시다	드십니다	드세요	드셨어요
자다	주무십니다	주무세요	주무셨어요
말하다	말씀하십니다	말씀하세요	말씀하셨어요
있다	있으십니다	있으세요	있으셨어요
	계십니다	계세요	계셨어요
학생이다	학생이십니다	학생이세요	학생이셨어요
의사이다	의사십니다	의사세요	의사셨어요

3. 1) 아침에 운동하세요 2) 요즘 바쁘세요 3) 담배를 안 피우세요
4) 기자세요 5) 책을 읽으세요 6) 김밥을 만드세요
7) 상도동에 사세요 8) 술을 안 드세요 9) 지금 방에서 주무세요
10) 지금 교실에 안 계세요 11) 음악을 들으세요 12) 라면을 드세요
13) 선생님이세요 14) 동생에게 말씀하세요 15) 공원에서 걸으세요
16) 만나셨어요 17) 주무셨어요 18) 드셨어요
19) 경찰이셨어요 20) 계셨어요 21) 가실 거예요
22) 만드실 거예요 23) 사실 거예요 24) 드실 거예요
25) 말씀하실 거예요

4. 1) 어제 4시간 동안 공부했어요 2) 6개월 동안 배울 거예요
3) 버스를 1시간 동안 기다렸어요 4) 이틀 동안 이 그림을 그렸어요
5) 여름 방학 동안 유럽을 여행했어요

5. 1) 일주일에 다섯 번 운동을 합니다 2) 일주일에 한 번 술을 마셔요
3) 한 달에 두 번 쇼핑해요 4) 일 년에 두 번 여행해요
5) 이틀에 한 번 한국 식당에 가요

6. 1) 밤마다 전화를 해요 2) 주말마다 데이트를 해요
3) 네, 방학마다 여행을 해요 4) 집마다 맛이 달라요
5) 네, 교실마다 컴퓨터가 있어요

15과 영화를 보러 갈까요?

1. 약속하다, 약속 장소, 약속 시간, 약속을 지키다
   약속을 취소하다, 약속을 연기하다

2. 1) 3개월 전에 한국에 왔어요
   2) 2시간 전에 전화했어요
   3) 일주일 전에 부모님을 만났어요
   4) 5시 전에 대사관에
   5) 1년 전에 고향에 돌아갔어요

3. 1) 커피를 마시기 전에 편지를 썼어요
   2) 텔레비전을 보기 전에 숙제를 했어요
   3) 자기, 자기 전에 책을 읽었어요
   4) 학교에 가기 전에 뭐 했어요? 학교에 가기 전에 운동했어요
   5) 빨래하기 전에 뭐 했어요? 빨래하기 전에 청소했어요

4. 2) 가기, 친구에게 전화를 하세요
   3) 숙제를 한, 친구를 만났어요
   4) 약을 먹기, 식사를 할 거예요
   5) 영화 표를 산, 식사했어요
   6) 커피를 마시기, 영화를 봤습니다
   7) 고향에 돌아가기, 부모님 선물을 샀습니다

5.

기본형	-(으)ㄹ까요?	기본형	-(으)ㄹ까요?
가다	갈까요?	춤추다	춤출까요?
만나다	만날까요?	여행하다	여행할까요?
사다	살까요?	쇼핑하다	쇼핑할까요?
타다	탈까요?	운동하다	운동할까요?
보다	볼까요?	숙제하다	숙제할까요?
앉다	앉을까요?	일하다	일할까요?
먹다	먹을까요?	노래하다	노래할까요?
읽다	읽을까요?	*듣다	들을까요?
배우다	배울까요?	*걷다	걸을까요?
마시다	마실까요?	*만들다	만들까요?
기다리다	기다릴까요?	*살다	살까요?

6. 1) 갈까요　2) 볼까요　3) 먹을까요　4) 만날까요　5) 걸을까요
6) 놀까요　7) 만들까요

7.

기본형	-(으)ㅂ시다	-지 맙시다	기본형	-(으)ㅂ시다	-지 맙시다
가다	갑시다	가지 맙시다	기다리다	기다립시다	기다리지 맙시다
만나다	만납시다	만나지 맙시다	청소하다	청소합시다	청소하지 맙시다
사다	삽시다	사지 맙시다	쇼핑하다	쇼핑합시다	쇼핑하지 맙시다
타다	탑시다	타지 맙시다	운동하다	운동합시다	운동하지 맙시다
보다	봅시다	보지 맙시다	공부하다	공부합시다	공부하지 맙시다
앉다	앉읍시다	앉지 맙시다	*듣다	들읍시다	듣지 맙시다
먹다	먹읍시다	먹지 맙시다	*걷다	걸읍시다	걷지 맙시다
읽다	읽읍시다	읽지 맙시다	*만들다	만듭시다	만들지 맙시다
닫다	닫읍시다	닫지 맙시다	*살다	삽시다	살지 맙시다
마시다	마십시다	마시지 맙시다	*열다	엽시다	열지 맙시다
배우다	배웁시다	배우지 맙시다	자르다	자릅시다	자르지 맙시다
가르치다	가르칩시다	가르치지 맙시다	부르다	부릅시다	부르지 맙시다

8. 1) 먹읍시다　2) 가지 맙시다　3) 갑시다　4) 수영하지 맙시다
5) 합시다　6) 들읍시다　7) 만듭시다

9.

기본형	-(으)니까	-았/었으니까	기본형	-(으)니까	-았/었으니까
가다	가니까	갔으니까	*걷다	걸으니까	걸었으니까
마시다	마시니까	마셨으니까	*듣다	들으니까	들었으니까
사다	사니까	샀으니까	많다	많으니까	많았으니까
먹다	먹으니까	먹었으니까	좋다	좋으니까	좋았으니까
받다	받으니까	받았으니까	예쁘다	예쁘니까	예뻤으니까
일하다	일하니까	일했으니까	바쁘다	바쁘니까	바빴으니까
공부하다	공부하니까	공부했으니까	깨끗하다	깨끗하니까	깨끗했으니까
오다	오니까	왔으니까	*춥다	추우니까	추웠으니까
보다	보니까	봤으니까	*덥다	더우니까	더웠으니까
배우다	배우니까	배웠으니까	*멀다	머니까	멀었으니까
*만들다	만드니까	만들었으니까	있다	있으니까	있었으니까
*살다	사니까	살았으니까	없다	없으니까	없었으니까

10. 1) 복잡하니까 2) 더우니까 3) 많으니까
4) 길이 막히니까 5) 맛이 없으니까 6) 경치가 좋으니까
7) 피곤하니까 8) 감기에 걸렸으니까 9) 생일이니까
10) 운동선수니까

11. 1) 재미있으니까 2) 늦어서 3) 바쁘지 않으니까
4) 걸려서 5) 자니까 6) 더우니까
7) 빠르니까

12. 1) 비가 와, 등산 못 해요 2) 어려워, 책을 다 못 읽었어요
3) 돈이 없어, 못 샀어요 4) 비싸, 구두를 못 샀어요
5) 잠을 자, 전화를 못 받았어요

16과 요즘은 짧은 원피스가 유행이에요

1. 1) 빨간색 2) 파란색 3) 까만색 / 검정색 4) 하얀색 / 흰색

2.

입다	1) 와이셔츠 2) 스웨터 3) 티셔츠 4) 원피스 5) 코트 6) 재킷 7) 반바지 8) 치마 9) 블라우스 10) 바지 11) 조끼 12) 양복		
신다	13) 운동화 14) 구두 15) 샌들 16) 등산화 17) 양말 18) 장화 19) 부츠		
쓰다	23) 모자 24) 안경 32) 우산	들다	20) 가방 21) 가방 33) 우산
메다	21) 가방 22) 배낭	매다	29) 넥타이 31) 스카프
끼다	24) 안경 26) 반지 28) 장갑	하다	25) 목걸이 27) 귀걸이 30) 목도리 31) 스카프

3. 기쁘다, 슬프다, 즐겁다, 행복하다
빠르다, 느리다, 밝다, 어둡다
비슷하다, 무섭다, 심심하다, 피곤하다
힘들다, 중요하다, 아름답다, 유명하다

4.

기본형	-(으)ㄴ/는	기본형	-(으)ㄴ/는
크다	큰	작다	작은
많다	많은	적다	적은
싸다	싼	비싸다	비싼
넓다	넓은	좁다	좁은
높다	높은	낮다	낮은
시원하다	시원한	따뜻하다	따뜻한
뚱뚱하다	뚱뚱한	날씬하다	날씬한
짧다	짧은	*길다	긴
*가깝다	가까운	*멀다	먼
*두껍다	두꺼운	얇다	얇은
깨끗하다	깨끗한	*더럽다	더러운
*가볍다	가벼운	*무겁다	무거운
*춥다	추운	*덥다	더운

*맛있다	맛있는	*맛없다	맛없는
*재미있다	재미있는	*재미없다	재미없는

5. 1) 더러운 방을 싫어해요
2) 편한 구두를 사요
3) 긴 바지를 입어요
4) 서울에 높은 건물이 많아요
5) 큰 집에 살 거예요
6) 재미있는 영화를 봐요
7) 맛있는 음식을 먹어요
8) 날씬한 사람을 만나요
9) 시원한 주스를 마셔요
10) 두꺼운 책을 읽어요

6. 1) 그리고, 그런데, 그래서
2) 그런데, 그래서, 그리고
3) 그리고, 그래서, 그런데
4) 그리고, 그래서, 그런데, 그래서
5) 그리고, 그런데, 그래서

7.

기본형	-아/어 보다	기본형	-아/어 보다
가다	가 보다	먹다	먹어 보다
오다	와 보다	앉다	앉아 보다
사다	사 보다	읽다	읽어 보다
만나다	만나 보다	입다	입어 보다
타다	타 보다	신다	신어 보다
가르치다	가르쳐 보다	닫다	닫아 보다
마시다	마셔 보다	*걷다	걸어 보다
끼다	껴 보다	*듣다	들어 보다
배우다	배워 보다	*묻다	물어 보다
*쓰다	써 보다	들다	들어 보다
말하다	말해 보다	만들다	만들어 보다

8. 1) 학교 근처로 이사를 가 보세요
2) 자기 전에 따뜻한 우유를 마셔 보세요
3) 설악산에 가 보세요
4) 한국 친구와 자주 이야기해 보세요
5) 선생님께 물어보세요
6) 동대문 시장에 가 보세요
7) 다이어트를 해 보세요

17과 사천 음식은 한국 음식보다 더 매워요

1. 도시, 시골, 바다, 산, 온천, 호수

2.

기본형	V-는데	V-았/었는데	기본형	A-(으)ㄴ데	A-았/었는데
가다	가는데	갔는데	싸다	싼데	쌌는데
오다	오는데	왔는데	예쁘다	예쁜데	예뻤는데
마시다	마시는데	마셨는데	바쁘다	바쁜데	바빴는데
만나다	만나는데	만났는데	크다	큰데	컸는데
읽다	읽는데	읽었는데	좋다	좋은데	좋았는데
앉다	앉는데	앉았는데	작다	작은데	작았는데
받다	받는데	받았는데	시원하다	시원한데	시원했는데
좋아하다	좋아하는데	좋아했는데	따뜻하다	따뜻한데	따뜻했는데
운동하다	운동하는데	운동했는데	*덥다	더운데	더웠는데
부르다	부르는데	불렀는데	*춥다	추운데	추웠는데
*듣다	듣는데	들었는데	*어렵다	어려운데	어려웠는데
*살다	사는데	살았는데	*가깝다	가까운데	가까웠는데
*만들다	만드는데	만들었는데	*길다	긴데	길었는데
*울다	우는데	울었는데	*멀다	먼데	멀었는데
*열다	여는데	열었는데	*힘들다	힘든데	힘들었는데

기본형	N인데
학생이다	학생인데
의사이다	의사인데
친구이다	친구인데
책상이다	책상인데

3. 1) 날씨가 좋은데 바람이 많이 붑니다
2) 머리가 아픈데 열은 나지 않습니다
3) 교실 밖은 추운데 교실 안은 덥습니다
4) 매일 운동을 하는데 뚱뚱합니다

5) 제인 씨는 영어를 잘하는데 한국어는 못합니다

6) 마이클 씨는 학교 근처에 사는데 매일 지각을 합니다

7) 어제는 중식을 먹었는데 오늘은 한식을 먹었습니다

8) 어제 배웠는데 잘 모르겠습니다

9) 지금은 겨울인데 춥지 않습니다

10) 요즘 방학인데 학교에 학생들이 많습니다

4.

기본형	-고	-(으)ㄴ/는데	-아/어요	-아/어서
부르다	부르고	부르는데	불러요	불러서
고르다	고르고	고르는데	골라요	골라서
자르다	자르고	자르는데	잘라요	잘라서
모르다	모르고	모르는데	몰라요	몰라서
누르다	누르고	누르는데	눌러요	눌러서
빠르다	빠르고	빠른데	빨라요	빨라서
다르다	다르고	다른데	달라요	달라서

1) 불러요 2) 달라서 3) 몰라요 4) 빨라요 5) 잘라

5. 1) 스파게티는 포크로 먹어요

2) 비빔밥은 숟가락으로 먹어요

3) 한국어로 수업을 해요

4) 휴대폰으로 사진을 찍이요

5) 치즈를 우유로 만들어요

6. 1) 한국보다 더 더워요

2) 초콜릿이 사과보다 더 달아요

3) 동생이 나보다 더 커요

4) 시장이 백화점보다 싸니까

5) 말하기가 읽기보다 더 어려워요

7. 1) 돈이 없으면 친구에게 돈을 빌립니다

2) 날씨가 더우면 아이스크림을 먹습니다

3) 시간이 있으면 운동을 합니다

4) 한국어를 아주 잘하면 한국 회사에서 일할 수 있습니다

5) 바다에 가면 수영을 하고 싶습니다

18과 설악산에 가 봤어요?

1. 1) 강　2) 절　3) 섬　4) 폭포

2.

기본형	-아/어 봤어요	기본형	-아/어 봤어요
가다	가 봤어요	찍다	찍어 봤어요
사다	사 봤어요	읽다	읽어 봤어요
타다	타 봤어요	먹다	먹어 봤어요
만나다	만나 봤어요	받다	받아 봤어요
보내다	보내 봤어요	입다	입어 봤어요
배우다	배워 봤어요	잡다	잡아 봤어요
춤추다	춤춰 봤어요	살다	살아 봤어요
가르치다	가르쳐 봤어요	만들다	만들어 봤어요
마시다	마셔 봤어요	*듣다	들어 봤어요
빌리다	빌려 봤어요	*걷다	걸어 봤어요
여행하다	여행해 봤어요	*부르다	불러 봤어요
*쓰다	써 봤어요	*자르다	잘라 봤어요

3. 1) 아르바이트를 해 봤어요 / 해 봤어요, 안 해 봤어요
2) 경주에 가 봤어요 / 가 봤어요, 안 가 봤어요
3) 김치를 먹어 봤어요 / 먹어 봤어요, 안 먹어 봤어요
4) 술을 마셔 봤어요 / 마셔 봤어요, 안 마셔 봤어요
5) 골프를 쳐 봤어요 / 골프를 쳐 봤어요, 골프를 안 쳐 봤어요
6) 오토바이를 타 봤어요 / 오토바이를 타 봤어요, 오토바이를 안 타 봤어요
7) 한국 노래를 들어 봤어요 / 한국 노래를 들어 봤어요, 한국 노래를 안 들어 봤어요

4.

기본형	-(으)려고 하다	기본형	-(으)려고 하다
가다	가려고 하다	공부하다	공부하려고 하다
보다	보려고 하다	여행하다	여행하려고 하다
만나다	만나려고 하다	먹다	먹으려고 하다
사다	사려고 하다	읽다	읽으려고 하다

배우다	배우려고 하다	찍다	찍으려고 하다
주다	주려고 하다	*만들다	만들려고 하다
쓰다	쓰려고 하다	*팔다	팔려고 하다
마시다	마시려고 하다	*살다	살려고 하다
가르치다	가르치려고 하다	*놀다	놀려고 하다
부르다	부르려고 하다	*듣다	들으려고 하다
자르다	자르려고 하다	*걷다	걸으려고 하다
운전하다	운전하려고 하다	*돕다	도우려고 하다

5. 1) 친구를 만나려고 해요
2) 점심을 먹으려고 해요
3) 취직하려고 해요
4) 서울에서 살려고 해요
5) 음악을 들으려고 해요
6) 회사 근처를 걸으려고 해요
7) 내년에 결혼하려고 해요

6. 1) 보려고 했어요
2) 다이어트하려고 했어요, 다이어트하려고 해요
3) 빌리려고 해요
4) 가려고 해요, 쉬려고 해요
5) 사려고 해요

7.

기본형	-(으)면서	기본형	-(으)면서
보다	보면서	일하다	일하면서
쓰다	쓰면서	여행하다	여행하면서
배우다	배우면서	운전하다	운전하면서
기다리다	기다리면서	이야기하다	이야기하면서
마시다	마시면서	전화하다	전화하면서
쉬다	쉬면서	입다	입으면서
읽다	읽으면서	*만들다	만들면서
먹다	먹으면서	*살다	살면서
웃다	웃으면서	*놀다	놀면서
춤추다	춤추면서	*울다	울면서
부르다	부르면서	*듣다	들으면서
자르다	자르면서	*걷다	걸으면서
피우다	피우면서	*돕다	도우면서

8. 1) 이야기하면서 술을 마시고 있어요
2) 텔레비전을 보면서 웃고 있어요
3) 음악을 들으면서 책을 읽어요
4) 담배를 피우면서 공부해요
5) 피아노를 치면서 노래를 불러요
6) 가족을 생각하면서 요리를 하세요
7) 텔레비전을 보면서 구두를 사요

9.

기본형	-아/어야 하다 / 되다	기본형	-아/어야 하다 / 되다
가다	가야 해요 / 돼요	찍다	찍어야 해요 / 돼요
사다	사야 해요 / 돼요	운동하다	운동해야 해요 / 돼요
자다	자야 해요 / 돼요	공부하다	공부해야 해요 / 돼요
오다	와야 해요 / 돼요	말하다	말해야 해요 / 돼요
마시다	마셔야 해요 / 돼요	만들다	만들어야 해요 / 돼요
가르치다	가르쳐야 해요 / 돼요	열다	열어야 해요 / 돼요
기다리다	기다려야 해요 / 돼요	살다	살아야 해요 / 돼요
배우다	배워야 해요 / 돼요	*쓰다	써야 해요 / 돼요
주다	줘야 해요 / 돼요	*듣다	들어야 해요 / 돼요
먹다	먹어야 해요 / 돼요	*걷다	걸어야 해요 / 돼요
읽다	읽어야 해요 / 돼요	*돕다	도와야 해요 / 돼요
받다	받아야 해요 / 돼요	*줍다	주워야 해요 / 돼요

10. 1) 아르바이트해야 해요 / 돼요
2) 택시를 타야 해요 / 돼요
3) 기다려야 해요 / 돼요
4) 내려야 해요 / 돼요
5) 운전해야 해서 / 돼서
6) 오늘까지 이 일을 다 해야 해서 / 돼서
7) 한국말을 잘해야 해요 / 돼요

19과 한국 사람하고 이야기할 때 힘들어요

1. 끄다, 켜다, 넣다, 꺼내다
올리다, 내리다, 열다, 닫다
들어가다 / 나오다, 들어오다 / 나가다, 놓다, 바꾸다
씻다, 닦다, 싸다 / 포장하다

2.

기본형	-아/어 주다	기본형	-아/어 주다
사다	사 주다	포장하다	포장해 주다
켜다	켜 주다	읽다	읽어 주다
꺼내다	꺼내 주다	찍다	찍어 주다
싸다	싸 주다	열다	열어 주다
가르치다	가르쳐 주다	들다	들어 주다
빌리다	빌려 주다	만들다	만들어 주다
올리다	올려 주다	잡다	잡아 주다
바꾸다	바꿔 주다	넣다	넣어 주다
*쓰다	써 주다	*돕다	도와 주다
*끄다	꺼 주다	*줍다	주워 주다
닫다	닫아 주다	*자르다	잘라 주다
닦다	닦아 주다	*부르다	불러 주다

3. 1) 빌려 줘요　2) 들어 줬어요　3) 사 줄 거예요
4) 가르쳐 주고 있어요　5) 만들어 주려고 해요

4. 1) 만들어 드릴 거예요　2) 불러 드릴 거예요　3) 가르쳐 드렸어요
4) 켜 드렸어요　5) 도와 드리려고 해요

5. 1) 들어 주세요　2) 바꿔 주세요　3) 말해 주세요
4) 꺼 주세요　5) 열어 주세요

6. 1) 켜 주시겠어요 2) 설명해 주시겠어요 3) 사 주시겠어요
4) 찍어 주시겠어요 5) 빌려 주시겠어요

7. 1) 방학 때 운전을 배우려고 해요 2) 10살 때 부산으로 이사했어요
3) 대학교 2학년 때 태국에 가 봤어요 4) 내일 점심 때 윤지 씨를 만날 거예요
5) 작년 크리스마스 때 선물 받았어요

8. 1) 남자 친구를 만날 때 입을 거예요
2) 맛있는 음식을 먹을 때 기분이 좋아요
3) 일본에서 일할 때 만났어요
4) 날씨가 너무 더울 때 에어컨을 켜요
5) 아이들에게 음식을 만들어 줄 때 행복해요
6) 많이 걸을 때 신어요
7) 고향 음식이 먹고 싶을 때 집에서 요리를 해요

9. 1) 지금 요리를 하고 있습니다 2) 지금 청소를 하고 있습니다
3) 지금 잠을 자고 있습니다 4) 지금 공부를 하고 있습니다
5) 지금 친구와 이야기하고 있습니다

10. 1) 비싸서요 2) 비가 오니까요 3) 식사하기 전에요
4) 숙제를 한 후에요 5) 친구를 만나러요 6) 버스로요
7) 몸이 아플 때요

20과 거기 한국어교육원이지요?

1. 전화를 걸다, 전화를 받다, 전화가 오다, 전화를 끊다
   잘못 걸다, 통화하다, 통화 중이다
   전화를 바꾸다, 자리에 없다

2.

기본형	-지요?	기본형	-지요?
싸다	싸지요?	공부하다	공부하지요?
크다	크지요?	걷다	걷지요?
바쁘다	바쁘지요?	듣다	듣지요?
맵다	맵지요?	살다	살지요?
춥다	춥지요?	만들다	만들지요?
맛있다	맛있지요?	돕다	돕지요?
재미있다	재미있지요?	줍다	줍지요?
가다	가지요?	학생이다	학생이지요?
읽다	읽지요?	학생이 아니다	학생이 아니지요?

3. 1) 없지요 2) 오지요 3) 좋아하지요
   4) 어려웠지요 5) 돌아갔지요 6) 말해 줬지요
   7) 한국 사람이지요

4. 1) 들어 드릴까요 2) 빌려 드릴까요 3) 찍어 드릴까요
   4) 도와 드릴까요 5) 빌려 드릴까요

5. 1) 수박이라고 해요 2) 휴대폰이라고 해요 3) 신호등이라고 해요
   4) 눈사람이라고 해요 5) 농구라고 해요